皋陶法治精神研究

GAOYAO FAZHI JINGSHEN YANJIU

安徽省六安市《皋陶法治精神研究》编写委员会　编著

法律出版社 LAW PRESS · CHINA

——北京——

图书在版编目(CIP)数据

皋陶法治精神研究 / 安徽省六安市《皋陶法治精神研究》编写委员会编著. -- 北京 : 法律出版社, 2023
ISBN 978 - 7 - 5197 - 8321 - 1

Ⅰ. ①皋… Ⅱ. ①安… Ⅲ. ①社会主义法治－建设－研究－南京 Ⅳ. ①D927.543

中国国家版本馆 CIP 数据核字(2023)第 177238 号

皋陶法治精神研究
GAOYAO FAZHI JINGSHEN YANJIU

安徽省六安市《皋陶法治精神研究》编写委员会 编著

策划编辑 林 蕊
责任编辑 林 蕊
装帧设计 汪奇峰

出版发行 法律出版社
编辑统筹 司法实务出版分社
责任校对 王 丰
责任印制 胡晓雅
经　　销 新华书店
开本 A5
印张 7.625　**字数** 192 千
版本 2023 年 12 月第 1 版
印次 2023 年 12 月第 1 次印刷
印刷 天津嘉恒印务有限公司

地址:北京市丰台区莲花池西里 7 号(100073)
网址:www. lawpress. com. cn
投稿邮箱:info@ lawpress. com. cn
举报盗版邮箱:jbwq@ lawpress. com. cn
销售电话:010 - 83938349
客服电话:010 - 83938350
咨询电话:010 - 63939796

书号:ISBN 978 - 7 - 5197 - 8321 - 1
定价:58.00 元
凡购买本社图书,如有印装错误,我社负责退换。电话:010 - 83938349

编 委 会

序

中华文明五千年绵延发展，虽历经坎坷，但整体上保持国家统一、制度进步、社会稳定的状态。在人类文明史上，古代中国长时间保持世界强国的地位，展示其强盛的国力与繁荣的文化。古代中国的强盛与繁荣，离不开富有特色的治国思想与卓有成效的治国体制，也离不开充满理性与智慧的法律制度与法律文化。在漫长的历史发展过程中，中华法系形成一些具有鲜明民族特色的制度与原则：从法律制度、法律文化层面，维系“大一统”的国家格局与中央集权的政治体制；注重确立并实施德法共治、以民为本、从严治官、司法公正等。

文献记载，夏王朝建立之前，华夏社会经历了尧、舜、禹时期。这一时期，已经显现中华文明的曙光。萌芽状态的思想理论，雏形阶段的管理制度，普遍产生于部落联盟社会的生产、生活与相互交往之中。其中，与法律相关的理念、原则、制度也孕育、发生。皋陶作为中华法治文明的先行者，承担着中华法治文明初步设计与早期实践的历史使命。

根据文献，皋陶生活于部落联盟晚期，曾被帝舜任命为“士”，主持部落联盟中与法律相关的事务。皋陶作为“士”，大刀阔斧开展了法律规范制定、法律原则确立以及法律实施等活动。一方面，根据部落联盟外部征战、内部秩序构建的需要，吸收包括苗民在内各部落、各民族的管理经验，制定法律规范，特别是制定以定罪量刑为主要内容的刑事法律规范，以法律的强制力量维护部落联盟机构及管理者的权威，并据此调整部落联盟内外社会关系。另一方面，基于人性的基本特征与社会管理的基本要求，尝试确立一系列法律原则，包括："明刑弼教""刑期于无刑""罚弗及嗣，赏延于世""宥过无大，刑故无小""罚疑惟轻，功疑惟重""与其杀不辜，宁失不经""敬禹之德，令民皆则禹；不如言，刑从之"，等等。上述记载，可能有后人附会增添之内容，但其主体部分仍是中华法治文明形成及发展早期法律主要目标与重要法律原则的初步表达。此后，经历周秦、汉唐的发展，中华法治文明进入成熟期。中华法系关于维系"大一统"国家格局、维护中央集权政治体制的核心目标，关于"德礼为政教之本、刑罚为政教之用""民为邦本，本固邦宁""严治官，宽治民"等重要原则，全面融入法律制度、法律文化之中。透过成熟期的唐代法制以及完备期的明清法制，我们看到，中华法系富有民族特色、符合国情民风的法律观念、法律制度、法律文化，多能从文献记载的皋陶思想和实践中发现其萌芽，正是从这一意义上，我们说，皋陶是中华法治文明的先行者。

刘鑫、张瑜毅主编的《皋陶法治精神研究》一书，以文献记载的皋陶思想与实践为基础，发掘梳理，旁征博引，系统阐释皋陶法律思想。本书还从传承弘扬中华优秀传统法律文化角度，总结概括皋陶法律思想的基本精神，通过创造性转化与创新性发展，服务于新时代中国特色社会主义法治体系的构建与实施。

朱　勇

2023 年 7 月

目录

第一章

皋陶:中国历史上的“司法鼻祖”

尧、舜、禹的传说,以及夏朝建立的故事,在后世的文献中屡屡被当作中华文明的起源加以讨论,对中国的历史产生了不可磨灭的巨大影响。本书的主角皋陶所处的时代正是尧、舜、禹时期。皋陶是中国历史上第一位法官,被称为中国历史上的“司法鼻祖”,他创制了法律,创设了监狱,为上古盛世的出现立下汗马功劳。他的精神深刻影响了中国古代法律的发展,为中华法系的形成和发展奠定了基础。

皋陶的形象颇具神秘色彩,相关史料对其有所记载。如《淮南子·修务训》中记载,“皋陶马喙,是谓至信,决狱明白,察于人情”①。《白虎通义》中也有类似的描述,“《礼》曰:‘……皋陶马喙,是谓至诚,决狱明白,察于人情……’”②《荀子·非相》指出人的相貌与吉凶无关,世上的圣贤君子中高矮丑俊都有,其中就提及了皋陶的肤色:“皋陶之状,色如削瓜。”③唐代杨倞注曰:“如削皮之瓜,青绿色。”也就是说,皋陶面容呈现青绿色。此外,《淮南子·主术训》还对皋陶的声音进行了描写:“皋陶瘖而为大理,天下无虐刑,

---

① 《淮南子·修务训》。

② 《白虎通义》卷六。

③ 《荀子·非相》。

有贵于言者也。”[①]由此可知，皋陶是一个声音嘶哑、沉默寡言之人。

根据上述描述，我们可以将皋陶的形象概括为面色青绿、声音沙哑、嘴部像马嘴般突出。皋陶面如削瓜的青绿色面容体现其刚正不阿、令人畏惧的人设，声言沙哑、不苟言笑的描绘凸显了其审判过程中公正无私的形象，如同马嘴的丑陋样貌则说明其异于常人。那么，有关皋陶形象的传说究竟是在何种背景下形成的，他的法治思想又是如何体现，进而穿越千年，影响后世的？本书首先引领大家回到皋陶所生活的年代，追忆皋陶的生平事迹，继而探究皋陶的法治精神核心内容及其影响。

第一节　皋陶时期的历史背景

皋陶所生活的时代是中国上古时期，有关这段时期的历史记述大多与氏族部落的来源、祖先的神话相关。

对于上古神话和传说，历代的文人学者有不同的看法。杨宽曾总结道：“主信古者动谓战国秦汉之书近古，所记传说必有所本，一切皆为实录，未可轻疑；主疑古者以古书既有真伪，所传古史又不免失实，苟无精密之考证批判，未可轻信；主考古者，辄病于传说之纷繁，莫由遵循，又鉴于近人争辩古史，立论绝异而均不出故纸堆之范围，乃谓但有纸上之材料无用，非有待于锄头考古学之发掘不为功。主释古者，则以古人十口之相传，‘事出有因’，必有史实之残影存乎其间，未容一概抹杀，苟据新史观加以归纳推理，既为可信之古史。此四说者，除信古一派外，无不持之有故，言之成理。”[②]然而，就如钱穆先生所说的，任何一个民族有关祖先的历史，

① 《淮南子·主术训》。

② 杨宽：《中国上古史导论》，上海人民出版社 2016 年版，自序。

在文字没有被创造出来之前,都是靠人们口口相传的。各民族的历史传说无一例外都带有浓厚的神话色彩,很多真实的历史经后人加工被编成了神话。创新的历史观应当建立在对中国历史有充分研究的基础上,需要通过考古学的实证,也需要从古籍中寻找,对极端的疑史论应该加以修正。[①] 因此,本书从源头追溯皋陶的故事,也会从神话、传说和故事开始。

一、尧、舜、禹和皋陶时期的政权

皋陶生活在上古时期,上古时期的源头通常可以追溯至盘古开天辟地,而关于盘古的最早记载可以追溯到三国时期。三国时期吴国人徐整的《三五历记》中记述了盘古开天地的经过:“天地混沌如鸡子,盘古生其中,万八千岁,天地开辟,阳清为天,阴浊为地,盘古在其中,一日九变,神于天,圣于地,天日高一丈,地日厚一丈,盘古日长一丈,如此万八千岁,天数极高,地数极深,盘古极长,后乃有三皇,数起于一,立于三,成于五,盛于七,处于九,故天去地九万里。”[②]

盘古之后,又有“三皇五帝”的传说。“三皇”当中,伏羲、神农在各种说法中占据其二,另一则有燧人、祝融或女娲的说法。从古时起,说法就不一。如东汉王符所著《潜夫论》中说:“世传三皇五帝,多以伏羲、神农为二皇;其一者或曰燧人,或曰祝融,或曰女娲。其是与非,未可知也。”[③]“五帝”的说法类似于“三皇”,各家不一。《易传·系辞传》和《战国策·赵策》称伏羲(包牺)氏、神农氏、黄帝、尧、舜为五帝。[④]《吕氏春秋》则汇集众说,提出太昊、炎帝、黄

---

① 参见钱穆:《国史大纲》,九州出版社 2011 年版,第 1～30 页。

② 《艺文类聚》卷一《天部上》。

③ 《潜夫论》卷八《五德志》。

④ 参见《易传·系辞传》《战国策·赵策》。

帝、少昊、颛顼为五帝。[①]

黄帝通常被认为是五帝之首，司马迁所著《史记·五帝本纪》记载：“黄帝者，少典之子，姓公孙，名曰轩辕。生而神灵，弱而能言，幼而徇齐，长而敦敏，成而聪明……黄帝居轩辕之丘……”[②]传说中的黄帝振兴农业、修德养民、率部落联盟的军队征伐四周的蛮夷，与炎帝大战于阪泉之野，与蚩尤血战于涿鹿之野，建立了新秩序，结束了“神农无制令而民从”[③]的时代。很多古籍对他的德行、德政、军功都盛赞有加。黄帝所在的时期被后世称为远古部落时期，尧、舜、禹的时代即处于这个时期的末期，原始氏族和部落征战还是历史舞台的主角。禹创立的夏朝，则是远古部落时期的终点。

禹是夏朝的创始者。尧帝时期，中原洪水泛滥，尧帝命令禹的父亲鲧去治水，鲧在沿岸筑堤防洪，历时 9 年却不能有效治理洪灾。舜任命禹为“司空”，负责治理洪水。禹视察河道，检讨鲧治水失败的原因，改防堵为疏导，疏通河流，经过 13 年的努力治理，终于取得成功。禹治水三过家门不入，建立了很好的声誉。舜年老，儿子商均不肖，因此决定传位给威望很高的禹。禹死后，其子启继承了王位。由此，世袭的夏朝创立。

根据文献记载和古代传说，聚居在黄河中下游的中原地区的夏部族于公元前 2070 年创建夏朝，传位至桀；夏桀无道，于公元前 1600 年为商汤所灭。夏朝传 14 代，17 王，共享国近 500 年。[④]

皋陶生活于尧舜时期，舜任命他为管理刑政的士。至禹治下，有辅助平水土之功。皋陶生活在原始部落文明后期至父权宗法制兴起期间。农业生产力的发展、政治机制的相对稳定、文字的出现

---

① 参见《吕氏春秋》。

② 《史记·五帝本纪》。

③ 《淮南子·氾论训》。

④ 参见卜宪群总撰稿、中国社会科学院历史研究所撰稿：《中国通史：壹：从中华先祖到春秋战国》，华夏出版社、安徽教育出版社 2016 年版，第 86 页。

和传播等，都是皋陶的治理时代要件，如果脱离了这些要件，皋陶的治理和贡献也就无从谈起。

皋陶的贡献不仅在于辅助首领和建立法律制度，更在于他建立的制度促进了原始部落首领的权力集中和政治转型，为第一个王朝——夏朝的诞生奠定了制度基础。此外，皋陶在司法上的壮举，也在一定程度上为后世纠纷解决和司法运行的模式开了先河。

二、社会、经济与文化

对于皋陶所生活时代的生存环境和社会状况，许多古籍都有记载。制度和治理技术须与当时的生产力水平和社会状况直接挂钩。彼时，技术和生产力水平都不高，农耕和打猎是百姓生活的绝对重心，实现穿衣果腹则是生活的主要目标。于是，在这样的社会环境之下，纠纷的类型及“治理”的含义和方式，都与现代社会非常不一样。

远古部落时期社会生产力不高，生产者剩余不多，氏族部落首领的生活与普通氏族部落成员并无太大区别。《韩非子·十过》记载：“由余对曰：‘……尧有天下，饭于土簋，饮于土铏……’”①《韩非子·五蠹》记载：“尧之王天下也，茅茨不翦，采椽不斫；粝粢之食，藜藿之羹；冬日麑裘，夏日葛衣……”②《墨子·尚贤中》记载：“古者舜耕历山，陶河濒，渔雷泽。”③《孟子·公孙丑章句上》记载：“孟子曰：‘……自耕稼、陶、渔以至为帝……’”④《庄子·天下》记载：“墨子称道曰：‘……禹亲自操橐耜而九杂天下之川。腓无胈，胫无毛，沐甚雨，栉疾风，置万国……’”⑤《韩非子·五蠹》记载：

① 《韩非子·十过》。
② 《韩非子·五蠹》。
③ 《墨子·尚贤中》。
④ 《孟子·公孙丑章句上》。
⑤ 《庄子·天下》。

“禹之王天下也,身执耒臿以为民先,股无胈,胫不生毛,虽臣虏之劳,不苦于此矣。”①

对于当时的社会图景,许多古籍都有所记载,如《韩非子·五蠹》记载:“古者丈夫不耕,草木之实足食也;妇人不织,禽兽之皮足衣也。”“上古之世,人民少而禽兽众,人民不胜禽兽虫蛇。有圣人作,构木为巢以避群害,而民悦之,使王天下,号曰有巢氏。”②《庄子·盗跖》则记载:“盗跖大怒曰:‘……古者禽兽多而人少,于是民皆巢居以避之。昼拾橡栗,暮栖木上,故命之曰“有巢氏之民”……’”③《礼记·礼运》记载:“昔者先王,未有宫室,冬则居营窟,夏则居橧巢。未有火化,食草木之实、鸟兽之肉,饮其血,茹其毛。未有麻丝,衣其羽皮。”④《墨子·辞过》记载:“古之民……就陵阜而居,穴而处……衣皮带茭……素食而分处……”⑤《白虎通义》记载:“……饥即求食,饱即弃余,茹毛饮血而衣皮苇。”⑥

有巢氏时代,古人类还不会用火,过着“茹毛饮血而衣皮苇”的原始生活。翦伯赞在《先秦史》中将有巢氏归入人类初始时代,他认为:“人类最初从兽类中分离出来,就是因为人类知道制造工具、使用工具,开始了劳动创造。所以传说中的有巢氏时代的原始人群,他们虽然刚刚带着自己起源的痕迹,走进中国历史之蒙昧时代的下期,但因为他们已经挺身直躯,站立在大地之上,所以他们也就开始了人类社会之最初的劳动创造。有巢氏时代的原始人群虽然已经知道制造工具、使用工具,但所谓工具也不过是石块和木棍而已。这时代人类的劳动创造,被考古学家称为早期旧石器时代

① 《韩非子·五蠹》。
② 《韩非子·五蠹》。
③ 《庄子·盗跖》。
④ 《礼记·礼运》。
⑤ 《墨子·辞过》。
⑥ 《白虎通义》卷一。

的文化。”[①]

随着用火技术的成熟,古人把衣、住、食的进步都归功于人类对火的利用。《韩非子 · 五蠹》这样记载:“上古之世……民食果蓏蚌蛤,腥臊恶臭而伤害腹胃,民多疾病。有圣人作,钻燧取火以化腥臊,而民说之,使王天下,号之曰燧人氏。”[②]《庄子 · 盗跖》记载:“盗跖大怒曰:‘……古者民不知衣服,夏多积薪,冬则炀之,故命之曰“知生之民”……’”[③]谯周的《古史考》则指出:“太古之初,人吮露精,食草木实,山居则食鸟兽,衣其羽皮,近水则食鱼鳖蚌蛤,未有火化,腥臊多,害肠胃。于使(是)有圣人出,以火德王,造作钻燧出火,教人熟食,铸金作刃,民人大说,号曰遂人。次有三姓,乃至伏牺,制嫁娶,以俪皮为礼,作琴瑟以为乐。”[④]由此可知,燧人氏时代,古人掌握了人工取火、结绳记事等生产生活技巧。1929 年,考古学家裴文中先生在周口店山顶洞北京猿人遗址发现了灰烬、烧骨、烧石等疑似用火证据,其后又在该遗址的多个部位和层位发现了集中分布的烧土、烧骨、烧石和碳化的树籽,并且通过对灰烬和烧骨进行化学分析,发现了燃烧产生的游离碳,据此得出了“北京猿人已经能够有控制地用火”“周口店遗址保留人类用火的最早的证据”等结论。

经济、社会的发展也伴随文化的繁荣,早期的文字和音乐在此阶段均初露端倪。关于汉字的起源,中国古代文献有很多“仓颉作书”的记载。《吕氏春秋 · 审分览》记载:“奚仲作车,苍颉作书,后稷作稼,皋陶作刑,昆吾作陶,夏鲧作城。”[⑤]《韩非子 · 五蠹》指出:

---

① 翦伯赞:《先秦史》(第 2 版),北京大学出版社 1999 年版,第 22 页。
② 《韩非子 · 五蠹》。
③ 《庄子 · 盗跖》。
④ 《古史考》。
⑤ 《吕氏春秋 · 审分览》。

“古者苍颉之作书也。”[①]《荀子·解蔽》称:“故好书者众矣,而仓颉独传者,壹也……”[②]《淮南子·本经训》记载:“昔者苍颉作书,而天雨粟,鬼夜哭……”[③]《说文解字·叙》记载:“仓颉之初作书,盖依类象形,故谓之文。其后形声相益,即谓之字。”[④]

关于夏禹治理洪水,兴建水利,引水灌溉农田的事迹有诸多史籍予以记载。《论语·泰伯篇》中有“(禹)尽力乎沟洫”[⑤]之语,《国语·周语》则记载了“嘉祉殷富生物”“养物丰民人”[⑥]。夏禹治水以疏导为主,依据地势排除积水和疏浚清淤,疏浚清淤的沟渠工程可以有效地排干河边滩涂的积水,使原来的沼泽变成良田,还可以防范水灾;在拓展田亩的同时形成了农田灌溉水利系统。水利工程有力地促进夏朝农业生产的发展,农业生产能力大幅提升,粮食有了剩余,粮食的剩余则促生了酿酒业。《吕氏春秋·审分览》中记载“仪狄作酒”[⑦],即禹的大臣仪狄开始酿造酒。《世本·作篇》中“太康造秫酒”“少康作秫酒”[⑧]的记载表明夏朝太康、少康发明了秫酒的酿造方法。《尚书·酒诰》中也有“杜康造酒”[⑨]的记载。新石器时代后期,龙山文化中就有了酿酒的习惯,到了生产力更强的夏朝,酿好酒、饮好酒成了一种权力和财力的象征。[⑩]

此外,人们通过劳动学会了有节奏的歌咏,始作乐舞。音乐可以抒发人的情感,《毛诗序》提出:“情动于中而形于言,言之不足故

---

① 《韩非子·五蠹》。
② 《荀子·解蔽》。
③ 《淮南子·本经训》。
④ 《说文解字·叙》。
⑤ 《论语·泰伯篇》。
⑥ 《国语·周语》。
⑦ 《吕氏春秋·审分览》。
⑧ 《世本·作篇》。
⑨ 《尚书·酒诰》。
⑩ 参见刘军等:《中国古代的酒与饮酒》,商务印书馆国际有限公司1995年版,第1~10页。

嗟叹之,嗟叹之不足故永歌之,永歌之不足,不知手之舞之足之蹈之也。”[①]也就是说,人的情感被感动时,先是用言语表达;言语不足以抒发情感时,则放声歌唱;歌唱不足以发泄时,就手舞足蹈了。在古人看来,音乐、舞蹈可以驱散湿气、舒展筋骨、防疫治病,甚至可以祭天求雨。《吕氏春秋·仲夏纪》记载:“乐所由来者尚也,必不可废。有节,有侈,有正,有淫矣。贤者以昌,不肖者以亡。昔古朱襄氏之治天下也,多风而阳气畜积,万物散解,果实不成,故士达作为五弦瑟,以来阴气,以定群生。”[②]

在此时期,制陶业已成为独立的手工业生产部门,可以烧制炊器、饮器、食器和盛储器等30多种陶器。石器制造工艺以钻孔石铲与石刀为主,各种石器磨制精致,几乎没有钻孔损毁或重钻的现象,这表明制作石器的技术已相当成熟。夏朝的木器、玉器、骨器、纺织和蚌器制造技术已经很成熟。古代文献还有夏朝冶铸青铜器的记载:“禹铸九鼎……以雌金为阴鼎,以雄金为阳鼎。”[③]

此外,夏朝的历法是我国最早的历法,当时已经开始依据北斗星斗柄所指的方位来确定月份。保存在《大戴礼记》中的《夏小正》,就是现存的有关“夏历”的重要文献,是我国最早的天文历法著作。《夏小正》是中国现存最早的一部具有丰富物候知识的著作,其经文有463字,按一年12个月分别记载了物候、气象、天象和重要政事,主要是有关生产的农耕、蚕桑、养马以及采集、渔猎等活动。

三、官制和法律起源

夏朝时期已经有了国家机构的设置,出现了一批以公职为特

---

① 《毛诗序》。

② 《吕氏春秋·仲夏纪》。

③ 《拾遗记》卷二。

征的职业官员。[①] 根据相关记载,夏、商、周三代的官员初具规模:"夏百二十员。殷二百四十员。周六万三千六百七十五员。"[②]

原始氏族部落是氏族组织的联合体,由若干氏族、胞族、姻族联合而成。各氏族有自己固定的领地。氏族部落设有酋长、军事首领、部落议事会。部落酋长负责处理部落的日常事务,召开部落议事会,实施部落议事会决定的事项,主持宗教祭祀和节日大典,对紧急事务有权进行应急处理。军事首领由部落议事会推荐有威望的氏族首领临时担任。氏族部落议事会由各氏族的首领和胞、姻族长组成,负责调节各氏族之间的关系,裁决氏族部落内外重大事务,包括推选首领、发动战争等。原始社会初期,氏族部落议事会成员一律平等,凡事协商解决。到了原始社会后期,氏族部落规模日益扩大,内外事务也日益增多,仅靠氏族部落首领很难妥善处理所有的事务,氏族部落议事会出现了人员分工负责的情况,于是产生了专职社会管理的部门和人员。[③]《史记·五帝本纪》记载:"官名皆以云命,为云师。置左右大监,监于万国……举风后、力牧、常先、大鸿以治民。"[④]

传说中,轩辕黄帝任命官吏有100多名,并且职、责、权清晰。《左传·昭公十七年》中记载:"昭子问焉,曰:'少皞氏鸟名官,何故也?'郯子曰:'吾祖也,我知之。昔者黄帝氏以云纪,故为云师而云名。炎帝氏以火纪,故为火师而火名。共工氏以水纪,故为水师而水名。大皞氏以龙纪,故为龙师而龙名。我高祖少皞挚之立也,凤鸟适至,故纪于鸟,为鸟师而鸟名。凤鸟氏,历正也。玄鸟氏,司分者也。伯赵氏,司至者也。青鸟氏,司启者也。丹鸟氏,司闭者也。祝鸠氏,司徒也。鴡鸠氏,司马也。鸤鸠氏,司空也。爽鸠氏,司寇

① 参见柏桦:《中国官制史》,万卷出版公司2020年版,第19页。

② 《通典》卷一九。

③ 参见柏桦:《中国官制史》,万卷出版公司2020年版,第19~28页。

④ 《史记·五帝本纪》。

也。鹘鸠氏，司事也。五鸠，鸠民者也。五雉，为五工正，利器用，正度量，夷民者也。九扈，为九农正，扈民无淫者也。自颛顼以来，不能纪远，乃纪于近。为民师而命以民事，则不能故也。’”①“云”和“凤鸟”分别是黄帝、少皞氏时代的图腾，所以黄帝以云名官，少皞氏以鸟名官，所任用的官员都是各氏族族长，分掌各个职能部门。氏族族长占据这些实权职位，并以血缘世代传袭，逐渐转变成拥有实权的氏族贵族。至此，社会公共权力逐渐脱离氏族部落议事会的控制，落入少数氏族部落贵族手里。社会公共权力逐渐私有化，具有国家雏形的社会组织逐渐形成。

尧、舜、禹时代，以公职为特征的社会管理机构和吏律、吏法及职官管理制度初现雏形。《史记 · 五帝本纪》记载：“而禹、皋陶、契、后稷、伯夷、夔、龙、倕、益、彭祖自尧时而皆举用，未有分职。于是舜乃至于文祖，谋于四岳，辟四门，明通四方耳目，命十二牧论帝德，行厚德，远佞人，则蛮夷率服。”②有关任职官员考核制度，《尚书 · 舜典》也有记载：“帝曰：‘咨！汝二十有二人，钦哉！惟时亮天功。’三载考绩，三考，黜陟幽明……”③

在此时期，国家机构也得到完善，分层次、级别设置专职管理职位，明确设定每一个职务的职能与责任。官职设有四岳、十二牧、司空、司徒、后稷、士、工、虞、秩宗、典乐、纳言等。④ 舜任命禹担任“司空”，负责治理水土；任命弃为“后稷”，掌管农业；任命契担任“司徒”，主持教化；任命皋陶任“士”，执掌刑法；任命垂担任“共工”，掌管百工；任命益担任“虞”，掌管山林；任命伯夷担任“秩宗”，主持礼仪；任命夔为乐官，掌管音乐和教育；任命龙担任“纳

---

① 《左传 · 昭公十七年》。

② 《史记 · 五帝本纪》。

③ 《尚书 · 舜典》。

④ 参见卜宪群总撰稿、中国社会科学院历史研究所撰稿：《中国通史：壹：从中华先祖到春秋战国》，华夏出版社、安徽教育出版社 2016 年版，第 30 ~ 35 页。

言”,负责发布命令,收集意见。①

夏商王朝的官制遵循“亲贵合一”“立爱惟亲,立敬惟长,始于家邦,终于四海”②的规则。夏后启讨伐有扈氏时,“乃召六卿”③。“六卿”亦称“六事之人”,是君王委任的分别掌管各方面政务的至亲贵族。柏桦指出:“据文献记载,六卿为司空(主土木工程)、司徒(主民族财政)、士正(主司法)、共工(主百工)、虞(主山泽)、秩宗(主祭祀)、纳言(主承上宣下),也称天、地、春、夏、秋、冬六官。无论是六卿还是六官,都是后人根据《尚书》的记载和结合其他古文献而推论的,存在与否,不能确定。古籍记载的事迹或有出入,但其中所记官名官制还是有可能存在的。”④

殷商王朝的官职分为两个系统,任职于殷商王朝的官员为“内服”官职,任职于各方诸侯的官员为“外服”官职,职能大同小异,只是服务对象不同。任职于殷商王朝中央的官职主要有宰、卿事、多尹、御事、事、巫、卜、臣等。卿事、尹等主理行政,卿事还分为司徒、司空、司马等,称为“六大、五官、六府、六工”⑤,下辖御事、事、多尹等行政事务官。巫、卜等职主理祭祀、占卜等事务,设有太卜、太祝等机构。宰职主理帝王家室内务,服务于帝王左右。

在国家起源和官制初步发展的同时,法律在此时期也出现了。关于中国法律的起源,有两个主流的说法:一是“刑起于兵”;二是“法起于礼”。《左传》有云:“刘子曰:‘……国之大事,在祀与

---

① 参见《尚书·舜典》。

② 《尚书·伊训》。

③ 《尚书·甘誓》。

④ 参见柏桦:《中国官制史》,万卷出版公司2020年版,第5~8页。

⑤ 《礼记·曲礼下》云:“天子建天官,先六大:曰大宰、大宗、大史、大祝、大士、大卜,典司六典。天子之五官:曰司徒、司马、司空、司士、司寇,典司五众。天子之六府:曰司土、司木、司水、司草、司器、司货,典司六职。天子之六工:曰土工、金工、石工、木工、兽工、草工,典制六材。”

戎……’”[①]在原始社会和国家形成的初期，祭祀和战争是最为重要的两件大事，两者分别关系部落和王国存在的合理性以及能否实际上存续。关于此内容，本书下文会详细阐述，在此先予以大致说明。

首先，关于“刑起于兵”“兵刑合一”的法律起源说，是指原始社会的战争时期，军事首领为了整肃队伍，建立了非常严格的规则和严酷的惩罚体系。刑起于兵是中华法系很重要的特征，相关规则后来也被嫁接到社会治理中来，成为法律的起源。

其次，“法起于礼”的说法指的是原始社会中的祭祀为了表示虔诚，形成了非常复杂的礼仪规范。汉代的许慎在《说文解字》中有云：“礼，履也。所以事神致福也。从示，从豊，豊亦声。”[②]这些礼仪规范，后世同样发展为指导人们行为的规范，也就是社会中法律的起源。[③] “礼”的概念在后世王朝中也长期存在。“礼”同样有强烈的指导人们规范的性质，具有现代法律的特征。但是，它在古代中国社会与“刑”或“法”相区别，通常不涉及肉刑。“礼”以更为柔性的方式影响和规范人们的观念和行为，也是古代中国社会中的法律不可忽视的一部分。[④]

我国最早的刑罚制度出现在舜、禹时代，《尚书·舜典》记载：“象以典刑，流宥五刑，鞭作官刑，扑作教刑，金作赎刑。眚灾肆赦，怙终贼刑。钦哉，钦哉，惟刑之恤哉！流共工于幽州，放欢兜于崇山，窜三苗于三危，殛鲧于羽山，四罪而天下咸服……帝曰：‘皋陶，蛮夷猾夏，寇贼奸宄。汝作士，五刑有服，五服三就。五流有宅，五

---

① 《左传·成公十三年》。

② 《说文解字》卷一。

③ 参见曾宪义、马小红：《中国传统法的结构与基本概念辨正——兼论古代礼与法的关系》，载《中国社会科学》2003 年第 5 期。

④ 参见梁治平：《“礼法”探原》，载《清华法学》2015 年第 1 期。

宅三居。惟明克允！’”①。

舜统治期间，任命了中国古代的第一位法官——皋陶。皋陶主理刑律，流放共工、驩兜、鲧，驱逐三苗，以严肃法纪。关于皋陶的传说甚多，传说他主理刑律之时，还借助上天神灵之力，判断案件是非曲直，以树立法治威信。皋陶的助手——獬豸，是传说中的神兽。东汉的王充说：“觟𧣾者，一角之羊也，性知有罪。皋陶治狱，其罪疑者令羊触之，有罪则触，无罪则不触……或时觟𧣾之性，徒能触人，未必能知罪人，皋陶欲神事助政，恶受罪者之不厌服，因觟𧣾触人则罪之，欲人畏之不犯，受罪之家，没齿无怨言也。”②。觟𧣾也就是獬豸。在后世很长的时间内，獬豸都是法律公正严明的象征。皋陶和他的神兽獬豸，正是下一节讨论的主题。

---

① 《尚书·舜典》。

② 《论衡》卷一七《是应》。

女修和玄鸟

（根据《史记·秦本纪》记载，皋陶母女修，颛顼之苗裔孙女，得玄鸟卵，吞之生子大业，即皋陶。画面描绘的是女修玄鸟授卵的故事）

第二节　皋 陶 其 人

一、皋陶的多重身份：法官鼻祖、立法先驱、刑狱之神

（一）作为法官鼻祖的皋陶

皋陶最为人所熟知的便是其作为中国法官的鼻祖的身份。《尚书·舜典》中有如下记载："帝曰：'皋陶，蛮夷猾夏，寇贼奸宄。汝作士，五刑有服，五服三就。五流有宅，五宅三居。惟明克允！'"①

这一对话发生的背景为，舜在位时询问四方诸侯："有谁能够率领百官，协助我处理朝政呢？"大家都认为当时担任司空的禹治水有功，可以胜任。随后，舜又宣布了后稷、百工等官职的任命名单，其中皋陶被任命为司法长官"士"。随即，舜对皋陶说道："现在我们面临内忧外患，外族部落侵扰华夏，国内也有贼寇为非作歹。你来担任'士'这个职务，根据罪行轻重处以五种刑罚，分别在三处地点执行；或是施以流刑，将犯人流放到远近不同的三类地方。而你在审理案件时一定要明察案情、裁决公允。"

《尚书大传》解释道，"士，理官也"；《尚书正义》也说，"'士'即《周礼》司寇之属"，也就是说，士是后世司寇的前身，即一种司法官员。《尚书大传》有一个名词为"秋伯之乐"，郑玄注曰，"秋伯秋官，士也"，这是有关皋陶担任职官的最早记录。从有关《尚书》的注疏来看，皋陶的职官与法律，尤其与刑事法律密切相关。

皋陶被任命为"士"后，最主要的职责便是对危害统治秩序之人施以五刑，或以五流代替五刑，从而维护社会的安定。因此，他

---

① 《尚书·舜典》。

被视为中国传统社会中最早的“法官”。那么，这里的“五刑”和“五流”指的是什么呢？

“五流有宅，五宅三居”的含义是和五刑相对应的流刑有五等，这与“流宥五刑”的说法相呼应，而五等流刑分别位于三处远近不同的地方。《史记集解》引马融语：“谓在八议，君不忍刑，宥之以远。五等之差亦有三等之居：大罪投四裔，次九州之外，次中国之外。当明其罪，能使信服之。”因而，五等流刑的流放地点分别位于四裔、九州之外、中国之外。这直接影响了后世对流刑的设置，如《唐律疏议 · 名例律》中规定流刑分为二千里、二千五百里、三千里三等，《唐律疏议 · 名例律》对此即引《尚书》中的内容予以解释：“《书》云：‘流宥五刑。’谓不忍刑杀，宥之于远也。又曰：‘五流有宅，五宅三居。’大罪投之四裔，或流之于海外，次九州之外，次中国之外。盖始于唐虞。今之三流，即其义也。”①

对于此处所说的“五刑”则多有争论。一般来说，提到中国早期社会中形成的“五刑”，便会让人想起“墨、劓、剕、宫、大辟”这五刑，而《尚书 · 吕刑》对此也多有描述。

关于刑罚的起源，《尚书 · 吕刑》指出：“王曰：‘若古有训，蚩尤惟始作乱，延及于平民，罔不寇贼，鸱义，奸宄，夺攘，矫虔。苗民弗用灵，制以刑，惟作五虐之刑曰法。杀戮无辜，爰始淫为劓、刵、椓、黥。越兹丽刑并制，罔差有辞……’”按照此种说法，蚩尤作乱，其恶行影响了平民，有人开始成为贼寇，为非作歹。苗人也不听从号令，制定了“五虐之刑”作为统治的手段，即施以劓、刵、椓、黥以及刑杀这五种刑罚来惩治族众。人们对于滥用此种刑罚、杀戮无辜的行为表示反对，但对刑罚本身并不排斥。后人反思的结果是，统治者的问题是没有选派贤人公正审慎地实施刑罚：“王曰：‘……其今尔何惩？惟时苗民匪察于狱之丽，罔择吉人，观于五刑之中；惟

---

① 《唐律疏议 · 名例律》。

时庶威夺货,断制五刑,以乱无辜……'"①

那么,应当如何妥善地适用刑罚来治民呢?《尚书·吕刑》中继而指出:"王曰:'吁!来,有邦有土,告尔祥刑。在今尔安百姓,何择,非人?何敬,非刑?何度,非及?两造具备,师听五辞。五辞简孚,正于五刑。五刑不简,正于五罚;五罚不服,正于五过。五过之疵:惟官,惟反,惟内,惟货,惟来。其罪惟均,其审克之!五刑之疑有赦,五罚之疑有赦,其审克之!简孚有众,惟貌有稽。无简不听,具严天威……'"换言之,官员要听取两造的供词,确实应当按照五刑予以处罚的,按照罪行轻重适用五刑;若罪行较轻而不符合适用五刑的规定,则改判以相应的五等罚金;若适用罚金的处罚仍不合适,则适用五过的规定予以宽宥。同时,对以五刑来惩处的案件有疑问的,可以赦免其刑罚;对以五罚来惩处的案件有疑问的,也可以赦免其罚金;至于那些没有证据的案件,自然不需要受理。

继而,《尚书·吕刑》指出,以五刑来惩处的案件,在审理时确实存在疑问需要赦免其刑罚时,要罚相应的黄铜作为赎金,从而明确指出五刑为墨、劓、剕、宫、大辟这五种:"王曰:'……墨辟疑赦,其罚百锾,阅实其罪。劓辟疑赦,其罪惟倍,阅实其罪。剕辟疑赦,其罚倍差,阅实其罪。宫辟疑赦,其罚六百锾,阅实其罪。大辟疑赦,其罚千锾,阅实其罪。墨罚之属千。劓罚之属千,剕罚之属五百,宫罚之属三百,大辟之罚其属二百,五刑之属三千……'"

基于上述内容,既有研究大多把皋陶所施行的五刑理解为俗称的"上古五刑"或"旧五刑",即墨、劓、剕、宫、大辟。所谓墨刑,也被称为黥刑,是划破人的面部后涂以墨迹,从而毁坏其容貌的刑罚。劓刑即割鼻之刑,其同样会造成伤害且留下醒目的标记。剕刑又被称为刖刑、膑刑,即砍断人的脚或剔去膝盖骨,使人丧失行走能力。战国时期逐渐将砍脚的剕刑改为砍掉前脚掌的"斩趾"

① 《尚书·吕刑》。

刑，从而保证犯人既不能奔跑，又不丧失劳动力。宫刑则是破坏人生殖机能的刑罚。而大辟是指死刑。

然而，《国语·鲁语》中的一段记载似乎使“五刑有服，五服三就”有了另一种解释。该段话是描述刑罚需要公开执行的规定：“藏文仲言于僖公曰：‘……刑五而已，无有隐者，隐乃讳也。大刑用甲兵，其次用斧钺，中刑用刀锯，其次用钻笮，薄刑用鞭扑，以威民也。故大者陈之原野，小者致之市朝，五刑三次，是无隐也……’”①根据这一表述，五种刑罚要公开执行，而这五种刑罚中，最严厉的是以甲兵征讨或以斧钺施以死刑，中等刑罚是以刀锯、钻笮等手段破坏罪犯的肉体，最轻微的刑罚则是用鞭子、板子责打。而在执行刑罚时，为了起到警示民众的作用，统治者要根据犯人所受刑罚的轻重，在原野、市、朝三处不同的地点公开实施刑罚，这恰与《尚书·舜典》中的“五刑有服，五服三就”相契合。因此，有的研究将皋陶实施的五刑认定为“甲兵、斧钺、刀锯、钻笮、鞭扑”五种。

笔者认为，鉴于皋陶作为“士”的职责是采取措施来维护社会安定，从而改变内忧外患的局面，那么其实施的治理手段应当既包括甲兵，即通过对外的武力征讨来驱逐蛮夷，防止其对华夏地区的侵扰，又包括以斧钺、刀锯、钻笮这类死刑、肉刑的方式惩治其管辖地区内的不法行为，还包括对轻微犯罪行为采取鞭扑这种刑罚以示惩戒。同时应注意的是，这五类刑罚与“旧五刑”并不相斥。相反，墨、劓、刵、宫、大辟这五刑实际上被包含在其中，如斧钺即以斧头砍人的大辟死刑，刀锯包括了用刀割去生殖器或鼻子的宫刑与劓刑，钻则是指膑刑，笮是指墨刑，等等。

既然把五刑认定为当时用于攘外安内的五种制裁措施，那么皋陶的“法官”角色是否依然能够成立？也就是说，皋陶兼具军事职权和司法职权的形象是否会动摇其作为中国法官鼻祖的这一定

---

① 《国语·鲁语》。

位？实际上，与近代意义上的“法官”不同，中国传统社会中的司法与行政并不严格区分，司法反而是行政工作的一环，因此不能由于其拥有职责的多重性而轻易否定其法官之角色。只要官员行使相应职权，依照某种既有规范来裁断案件或惩处罪犯，便可将其视为具有法官的性质，故而皋陶作为中国法官的鼻祖应当是毋庸置疑的。

而且，皋陶兵刑合一的形象恰恰反映了中国传统法律起源的一个重要特征：刑起于兵。所谓刑起于兵，是指中国传统法律制度在形成之初受到了军事战争的影响，因此法律的规定、刑罚的设置，乃至司法官员，都与“甲兵”之事密切相关。氏族部落时期，战争频繁，部落首领也在指挥作战的过程中逐渐获得了生杀予夺、赏功罚罪的权力，这从甲骨文“王”这个字便可略见一斑。“王”在甲骨文中呈现斧钺的形状，上半部是斧柄，下半部为斧刃，而斧钺本身是用来执行死刑的，因此手拿该斧钺的人便拥有了杀戮的权力，此人被称为“王”。为了使自己从战争中获得的这种权力得到保障，部落首领率先将其以法律的形式予以规定，而在此过程中，相关的军事规则也被纳入法律规范中，原本负责军事指挥的官员也被赋予了司法审判的职能，对战俘的伤害和标记方式更是成了中国传统刑罚的来源，即墨、劓、剕、宫、大辟这“旧五刑”。如墨刑、劓刑是为了将俘虏与族人区分开而采取的标记手段；剕刑是为了防止俘虏逃跑才砍去小腿或剔去髌骨，使其丧失行动能力；宫刑则是为了减轻俘虏的攻击性，让其变得更加温顺，从而进行的阉割活动，故而也称为“去势”。因此，这种兵刑合一的特征恰恰印证了皋陶作为中国古代法官鼻祖的身份。

（二）作为立法先驱的皋陶

皋陶除了是一名出色的司法官员，还是一位注重总结经验、制定规范的立法先驱。《吕氏春秋 · 审分览》中记载，“皋陶作刑”。《后汉书 · 邓张徐张胡列传》中有“臣伏见孔子垂经典，皋陶造法律，原其本意，皆欲禁民为非也”这样的说法。张晋藩先生也曾撰文《皋陶造律：中华法文化的光辉篇章》予以阐述。[①] 而最为具体的描述是《左传·昭公十四年》中引《夏书》的内容：“晋邢侯与雍子争鄐田，久而无成。士景伯如楚，叔鱼摄理。韩宣子命断旧狱，罪在雍子。雍子纳其女于叔鱼，叔鱼蔽罪邢侯。邢侯怒，杀叔鱼与雍子于朝。宣子问其罪于叔向。叔向曰：‘三人同罪，施生戮死可也。雍子自知其罪而赂以买直，鲋也鬻狱，邢侯专杀，其罪一也。已恶而掠美为昏，贪以败官为墨，杀人不忌为贼。《夏书》曰：“昏、墨、贼，杀。”皋陶之刑也。请从之。’乃施邢侯而尸雍子与叔鱼于市。”

这个案件发生在公元前528年，可能是中国历史上最早的一起因“性贿赂”而起的杀人案件。晋国的邢侯与雍子因为田界划分而产生纠纷，久讼未决，于是韩宣子任命叔鱼来审理此案。叔鱼起初判决雍子有过错，多占了邢侯的田地，而雍子为了打赢这场官司，便将自己的女儿献给了叔鱼。叔鱼随即改判，认定过错在邢侯，从而使其败诉。邢侯得知后大怒，当堂杀死了叔鱼和雍子二人。韩宣子在审理邢侯杀人这一案件时，询问叔向该如何定罪量刑。叔向回答：“这三个人都有罪：雍子明知自己理亏，却还要通过贿赂的手段试图使自己获得土地；叔鱼受贿而枉法裁判；邢侯肆意杀人。根据法律规定他们都应处以死刑，那么现在将活着的人处死，将死去的人戮尸就可以了。”根据叔向的说法，其所依据的是《夏书》中所记载的“昏、墨、贼，杀”这一规定，而这一法律条文恰恰是“皋陶之刑也”，即由皋陶制定的。

“昏”是指“已恶而掠美”，即自己做了坏事却窃取别人的名声。本案中雍子明知自己侵占了邢侯的土地，却仍然通过指控邢侯存在过错、败坏其名声的手段试图获利。“墨”就是指贪墨，官员贪污

---

① 参见张晋藩：《皋陶造律：中华法文化的光辉篇章》，载《人民法治》2019年第15期。

受贿、败坏官纪，如本案中的叔鱼。“贼”则是指肆无忌惮的杀人行为，邢侯便被认定为“贼”这一罪名，从而被判处死刑。犯下这三种罪行的人都应被处以死刑，鉴于雍子、叔鱼已死，叔向才建议将其二人戮尸，以示惩戒。这一记录也成为皋陶立法的佐证。

（三）作为刑狱之神的皋陶

《水浒传》第四十回“梁山泊好汉劫法场　白龙庙英雄小聚义”讲到宋江与戴宗被知府蔡九捉拿问斩，押赴刑场前有这样一段情节：“当时打扮已了，就大牢里把宋江、戴宗两个匾扎起，又将胶水刷了头发，绾个鹅梨角儿，各插上一朵红绫子纸花。驱至青面圣者神案前，各与了一碗长休饭。永别酒。吃罢，辞了神案，漏转身来，搭上利子。六七十个狱卒，早把宋江在前，戴宗在后，推拥出牢门前来。”

根据这段描述，宋江与戴宗在被执行死刑前先要被“打扮”一番，然后需要在“青面圣者”的神案前吃最后一顿饭、喝最后一口酒，并向该神拜别辞行。显然，该神就是监狱的“狱神”，而其青色面容的形象恰与前文中皋陶“色如削瓜”的样貌相符合。

中国传统社会中很早就出现了监狱的设置。沈家本在《历代刑法考》中有专门一篇《狱考》，其中引了《风俗通》的记载：“《周礼》三王始有狱，夏曰夏台，言不害人，若游观之台，桀拘汤是也。殷曰羑里，言不害人，若于闾里，纣拘文王是也。周曰囹圄。囹，令，圄，举也，言令人幽闭思想，改恶为善，因原之也，今县官录囚皆举也。”[①]按照此种说法，上古尧、舜、禹时期便出现了监狱，此后夏朝、商朝、西周也对监狱有不同的称谓。而许多史料继而将皋陶作为监狱的发明者，如西汉史游的《急就章》记载：“远取财物主平均，皋陶造狱法律存。”《广韵 · 三烛》中也说：“狱，皋陶所造。”《唐律

① （清）沈家本撰：《历代刑法考》，邓经元、骈宇骞点校，中华书局1985年版，第1160页。

疏议》中有《断狱律》一篇解释道：“狱，确也，以实囚情。皋陶造狱，夏曰夏台，殷曰羑里，周曰圜土，秦曰囹圄，汉以来名狱。”①基于这种“皋陶造狱”的传说，皋陶也就被狱吏、狱卒供奉为刑狱之神。

根据《后汉书·党锢列传》的相关记载可知，起码在东汉时期人们就已经供奉皋陶作为监狱的“狱神”了。东汉时有一位大臣名叫范滂，被人诬陷与党人相勾结，因而入狱，关在黄门署管辖的北寺狱，他与狱吏之间有如下对话：“狱吏谓曰：‘凡坐系皆祭皋陶。’滂曰：‘皋陶贤者，古之直臣。知滂无罪，将理之于帝；如其有罪，祭之何益！’”②

由此可知，当时进监狱之人祭拜皋陶已经成为一种人们普遍遵循的习俗，而范滂主张自身清白，拒绝了这一祭拜的要求，方才显出其与众不同之处。汉代以降，皋陶一直被供奉为“狱神”，直到宋代仍有相关记载。如北宋时期方勺所著《泊宅编》中指出：“今州县狱皆立皋陶庙，以时祀之，盖自汉已然。”③南宋时，袁文在《瓮牖闲评》中也提道：“今州县皆立皋陶庙，以时礼之。盖皋陶，理官也，州县狱所当祀者。”④直至清代，刑部中仍设有“狱神”庙，赵舒翘在《提牢备考》中对刑部北监有过详细的描述，其中就提及设有“狱神”庙用以供奉“狱神”皋陶，具体内容如下：“现在此树势作龙拿，枝皆北指，望之生气凛然，文诗表章先贤遗迹，故录之。树旁有小祠，祀椒山先生神牌，并附祀刑部尚书王公世贞、郎中史公朝宾、司狱刘公时守。翘到任见其屋瓦敝漏，旁垣倾圮，禁卒多遗不洁，因集资新之，常锁其户以昭静肃。再按今之刑部并非前明刑部旧址，乃锦衣卫所属北镇抚司也。原只有北监一所，本朝雍正初年始添建南监。北监旧有狱神庙一座，中完祀皋陶，旁龛祀关帝、瘟部、火

---

① 《唐律疏议·断狱律》。

② 《后汉书·党锢列传》。

③ 《泊宅编》。

④ 《瓮牖闲评》卷二。

部诸神,素著灵异。年久岌侧,屡欲重葺,均以监狱重地,不敢妄兴土木中止。翘察吏役等心甚诚切,爰请发款,督令兴工终事,平安落成时,六堂亲临拈香,亦圆扉中一盛事也。”①

从上述描写可知,当时刑部北监内有一座“狱神”庙,正中供奉着“狱神”皋陶,旁边还有关公以及“瘟神”“火神”等诸多神像。赵舒翘见其年久失修,专门申请经费予以修葺,落成之日甚至引得六部堂官纷纷前来祭拜“狱神”皋陶。

二、皋陶的司法助手:獬豸

说起皋陶,就不得不提及传说中帮助其断案的独角兽獬豸。《论衡》中有这样的描述:“觟■者,一角之羊也,性知有罪。皋陶治狱,其罪疑者令羊触之,有罪则触,无罪则不触。斯盖天生一角圣兽,助狱为验,故皋陶敬羊,起坐事之。”②觟■即獬豸,是只有一只角的羊,天生就会觉察是非对错。皋陶处理狱讼案件产生疑问时,就会让这只羊用头上的独角去触碰,如果那个人有罪,它就会用角去顶;若是无罪,则安然无事。

当然,有关獬豸的形象并不统一,除了上述似羊说之外,史料中还有似牛说、似鹿说、似麟说、独角鸟身等说法。③ 而无论其形态如何,其基本的特点都是头上有独角,而其功能便是用以区别是非曲直,帮助司法官员处理案件。正是基于獬豸的这种特性,“灋”字在创造过程中就借用了獬豸的形象。东汉的许慎在《说文解字》中对“灋”这个字如是解释:“灋,刑也。平之如水,从水;廌所以触不直者去之,从廌、去。”也就是说,“灋”这个字左边的三点水指代平静的水面,表示其公平性;右边上半部分为“廌”,也就是指独角神

① 《提牢备考》卷四。

② 《论衡》卷一七《是应》。

③ 参见武树臣:《寻找最初的独角兽——对“廌”的法文化考察》,载《河北法学》2010年第10期。

兽獬豸；下半部分的“去”则表示獬豸去顶触有罪之人。

显然，利用獬豸来审判案件多多少少有点神秘色彩，这反映当时司法实践中可能存在的神判法特征。《墨子·明鬼下》中就记载了一个通过羊来审判的案件：“……昔者齐庄君之臣，有所谓王里国，中里徼者，此二子者，讼三年而狱不断。齐君由谦杀之，恐不辜；犹谦释之，恐失有罪，乃使之人共一羊，盟齐之神社。二子许诺。于是掘穴，刭羊而漉其血。读王里国之辞，既已终矣；读中里徼之辞，未半也，羊起而触之，折其脚，祧神之而敲之，殪之盟所。当是时，齐人从者莫不见，远者莫不闻，著在齐之《春秋》。”①

这个故事发生在齐国，齐庄君属下有两名大臣，分别叫王里国、中里徼，两人因为纠纷争讼 3 年，纠缠不休。齐庄君左右为难：要是把他们都杀了，其中肯定有无辜者；要是都予以释放，又担心放纵了真正的罪犯。于是，他让人找来一头羊，让双方在齐国的神社里，当着羊的面发誓。王里国读完誓词后什么事也没发生，而中里徼的誓词还没读到一半，那头羊就用角顶他，把他的脚折断，最后中里徼死在了当场。

有学者对上述记载进行了详细的分析，指出其并非神判。文中“祧神之而敲之，殪之盟所”一句语焉不详，此句可解释为三种不同的情形：第一种是发生了某种意外事件，羊不知因何而杀死了中里徼；第二种是带有迷信色彩的神鬼故事，神社中突然出现的神灵杀死了中里徼；第三种则是神判，即神社的主祭官根据羊的判断杀死了中里徼。而结合上下文语境可知，此处所描绘的应当是第二种神鬼故事的情形。那么，如果此处在羊面前宣誓的行为不是以决疑为目的的神判活动，二人的行为究竟属于何种性质呢？实际上，该事件是齐庄君为了解决王里国与中里徼之间 3 年未决的纠纷，从而出面调和，于是让两人在神社前盟誓。“掘穴”指的是挖坑

---

① 《墨子·明鬼下》。

用以埋羊,“刭羊而漉其血”则是指将羊杀死,歃血为盟。两人随即按照盟誓的程序,先由王里国宣读誓言,再由中里徼宣读。此时,被作为牺牲而宰杀却尚未死亡的羊突然引发了一起血案,而墨子将其解释为神灵对其的惩罚。①

尽管《墨子·明鬼下》中的这一记载不能作为神判的有力证据,但不可否认的是,中国曾经出现过神判法时期,且极有可能皋陶作士时仍保留了神判法的习惯,而獬豸恰恰是与之相契合的形象代表,因而后世将两者联系在一起。诚如瞿同祖先生所言:“中国有史以来就以刑讯来获得口供,早就不仰赖神判法了。但在使用刑讯以前,似也曾经过审判的阶段,在最古的传说里还可以看出一些遗留的痕迹……可能当初即普通的羊,后人不明了神判的意义,加上神话的渲染。亦可能当初以羊为判时即利用神的心理,使人易于信服。后来獬豸的绝迹与其说是神兽的绝迹,毋宁说是神判法的绝迹。”②

由于獬豸懂得分辨是非曲直,象征公平正义,是执法的目标与追求,中国古代的司法官员便将獬豸作为其标志与象征。《后汉书·舆服下》记载:“法冠,一曰柱后。高五寸,以纚为展筩,铁柱卷,执法者服之,侍御史,廷尉正监平也。或谓之獬豸冠。獬豸神羊,能别曲直,楚王尝获之,故以为冠。”由此可知,起码从汉代开始,司法官员就已经佩戴法冠即“獬豸冠”以表示自己的身份。直到唐代,朝廷依然沿用此冠,主要是由监察官员佩戴,如《唐会要》记载:“乾元二年四月六日。敕御史台。所欲弹事。不须先进状。仍服豸冠。所被弹者。有称仇嫌者。皆冀迁延。以求苟免。但所举当罪。则仇亦无嫌。如宪官不举所职。降资出台。倘涉阿容。乃重

① 参见陈灵海:《中国古代獬豸神判的观念构造》(上),载《学术月刊》2013年第4期;陈灵海:《中国古代獬豸神判的观念构造》(下),载《学术月刊》2013年第5期。

② 瞿同祖:《中国法律与中国社会》,中华书局1981年版,第253~254页。

贬责。旧制。凡事非大夫中丞所劾。而合弹奏者。则具其事为状。大夫中丞押奏。大事则豸冠。朱衣。纁裳。白纱中单。以弹之。小事常服而已。”①岑参所作诗歌《送韦侍御先归京》中也有“闻欲朝龙阙,应须拂豸冠”一句。宋代《太平御览》中的记载则说明宋代的御史也继续佩戴獬豸冠:“《神异经》曰:东北荒中有兽焉,其状如羊,一角,毛青,四足似熊。性忠而直,见人斗则触不直,闻人论咋不正。名曰獬豸,一名任法,今御史用法冠,俗曰‘獬豸冠’也。”②明清时期的官服被称为“补服”,因为衣服前胸部位有块一尺见方的布,如同补丁一般,上面绣着图像,文官绣飞禽,武官绣走兽,而只有监察官员绣的是獬豸,即如《清史稿》记载的:“补服前后绣鹤,惟都御史绣獬豸。”

① 《唐会要》卷六一《御史台》。

② 《太平御览》卷一三七。

拜狱神

(《后汉书》记载,东汉时皋陶就被奉作“狱神”,受民众朝拜。直至清人赵舒翘的《提牢备考》对人们祭拜“狱神”也有记述。图为祭拜“狱神”的场景)

第三节　后世对皋陶的记载

虽然皋陶生活在远古时期，但有关皋陶的传说和记载在后世文献中恒河沙数。皋陶作为司法鼻祖、立法先驱和刑狱之神，与帝制中国的政治和法律的发展深刻地缠绕在一起。因此，皋陶在中国两千年的王朝历史中常常出现。本节将详细列举后世有代表性的相关记载或名篇，细看历史长河中的“皋陶”形象。

人们提起皋陶，时常讲述他是禹治下的得力名臣和继任者，并大力称赞他在法律方面的不朽功绩。皋陶对禹的辅助主要在于狱政、刑辟和治官等方面，这被当作禹治成功的重要因素。周代《尸子》有云：“治水潦者，禹也；播五种者，后稷也；听狱折衷者，皋陶也。舜无为也，而天下以为父母。爱天下莫甚焉。”①

一、春秋战国

春秋战国相关的记载也很多，强调了皋陶在法制方面的贡献。

《韩非子·说疑》中有言：“若夫后稷、皋陶、伊尹、周公旦、太公望、管仲、隰朋、百里奚、蹇叔、舅犯、赵襄、范蠡、大夫种、逢同、华登，此十五人者为其臣也，皆夙兴夜寐，单身贱体，竦心白意；明刑辟、治官职以事其君，进善言、通道法而不敢矜其善，有成功立事而不敢伐其劳；不难破家以便国，杀身以安主，以其主为高天泰山之尊，而以其身为壑谷洧之卑；主有明名广誉于国，而身不难受壑谷洧之卑。如此臣者，虽当昏乱之主尚可致功，况于显明之主乎？此谓霸王之佐也。”②

① 《尸子》。
② 《韩非子·说疑》。

《墨子·尚贤下》记载:“是故昔者尧有舜,舜有禹,禹有皋陶,汤有小臣,武王有闳夭,泰颠,南宫括,散宜生,而天下和,庶民阜。是以近者安之,远者归之。”①

《成相杂辞》则有云:“禹傅土,平天下,躬亲为民行劳苦。得益、皋陶、横革、直成、为辅。契玄王,生昭明,居于砥石迁于商,十有四世,乃有天乙是成汤。天乙汤,论举当,身让卞随举牟光。道古贤圣基必张。”

《孟子·尽心章句上》中有记载:“桃应问曰:‘舜为天子,皋陶为士,瞽瞍杀人,则如之何?’孟子曰:‘执之而已矣。’‘然则舜不禁与?’曰:‘夫舜恶得而禁之?夫有所受之也。’‘然则舜如之何?’曰:‘舜视弃天下,犹弃敝蹝也。窃负而逃,遵海滨而处,终身欣然,乐而忘天下。’”②

《吕氏春秋·不苟论》中也有类似强调皋陶对禹治重要功用的语句,如:“二曰:贤者善人以人,中人以事,不肖者以财。得十良马,不若得一伯乐;得十良剑,不若得一欧冶;得地千里,不若得一圣人。舜得皋陶而舜授之,汤得伊尹而有夏民,文王得吕望而服殷商。”③

二、汉代

自汉代起,《尚书·皋陶谟》就是不朽名篇,被当作治国理政的理想典范。如《尚书大传》所记载的:“孔子曰,丘常悉心盎志以入其中,则前有高岸,后有大谿,填填正立而已。六誓可以观义,五诰可以观仁,甫邢可以观诫,洪范可以观度,禹贡可以观事,皋陶谟可以观治,尧典可以观美。”④

---

① 《墨子·尚贤下》。
② 《孟子·尽心章句上》。
③ 《吕氏春秋·不苟论》。
④ 《尚书大传》卷五。

《说苑·修文》言：“是故皋陶为大理乎，民各服得其实；伯夷主礼，上下皆让；倕为工师，百工致功；益主虞，山泽辟成；弃主稷，百谷时茂；契主司徒，百姓亲和……”①《淮南子·泰族训》云：“尧之举禹、契、后稷、皋陶，政教平，奸宄息，狱讼止而衣食足，贤者劝善而不肖者怀其德；及至其末，朋党比周，各推其与，废公趋私，内外相推举，奸人在朝，而贤者隐处。”②

《淮南子·主术训》中也对皋陶夸赞道：“故皋陶瘖而为大理，天下无虐刑，有贵于言者也……”③

司马迁在《史记·五帝本纪》中也记录有如下故事：“舜曰：‘皋陶，蛮夷猾夏，寇贼奸轨，汝作士，五刑有服，五服三就；五流有度，五度三居：维明能信。’……皋陶为大理，平，民各伏得其实；伯夷主礼，上下咸让；垂主工师，百工致功；益主虞，山泽辟；弃主稷，百谷时茂；契主司徒，百姓亲和；龙主宾客，远人至……”④

王符撰《潜夫论》时更是把皋陶作为治理者的榜样：“是故上圣不务治民事而务治民心，故曰：‘听讼，吾犹人也。必也使无讼乎！’导之以德，齐之以礼，务厚其情而明则务义，民亲爱则无相害伤之意，动思义则无奸邪之心。夫若此者，非法律之所使也，非威刑之所强也，此乃教化之所致也。圣人甚尊德礼而卑刑罚，故舜先敕契以敬敷五教，而后命皋陶以五刑三居。是故凡立法者，非以司民短而诛过误，乃以防奸恶而救祸败，检淫邪而内正道尔。”⑤

三、三国两晋南北朝

三国两晋南北朝期间，与皋陶相关的记载也很多，如《三国志·

① 《说苑·修文》。
② 《淮南子·泰族训》。
③ 《淮南子·主术训》。
④ 《史记·五帝本纪》。
⑤ 《潜夫论》卷八《德化》。

韩崔高孙王传》中有将上古治世和皋陶作为模仿的:“魏国初建,为尚书郎。转拜丞相理曹掾,令曰:‘夫治定之化,以礼为首。拨乱之政,以刑为先。是以舜流四凶族,皋陶作士。汉祖除秦苛法,萧何定律。掾清识平当,明于宪典,勉恤之哉!’”①

晋代杜预所著《春秋左传正义》中讲到了皋陶布德、人皆服之的故事,内容如下:“夏,师及齐师围郕。郕降于齐师。仲庆父请伐齐师。公曰:‘不可!我实不德,齐师何罪?罪我之由。《夏书》曰:“皋陶迈种德,德,乃降。”姑务修德以待时乎。’”②

范晔所撰《后汉书·张曹郑列传》中也有论及:“初举孝廉,再迁圉令,以礼理人,以德化俗。时它郡盗徒五人来入圉界,吏捕得入,陈留太守马严闻而疾恶,风县杀之。褒敕吏曰:‘夫绝人命者,天亦绝之。皋陶不为盗制死刑,管仲遇盗而升诸公。今承旨而杀之,是逆天心,顺府意也,其罚重矣。如得全此人命而身坐之,吾所愿也。’遂不为杀。严奏褒耎弱,免官归郡,为功曹。”③

张敏谈论律法时也以皋陶为榜样:“敏复上疏曰:臣敏蒙恩,特见拔擢,愚心所不晓,迷意所不解,诚不敢苟随众议。臣伏见孔子垂经典,皋陶造法律,原其本意,皆欲禁民为非也。未晓《轻侮》之法将以何禁?必不能使不相轻侮,而更开相杀之路,执宪之吏复容其奸枉。”④

对于皋陶制刑,后世读书人也多持正面意见,不认为其与“仁政”相冲突。《世说新语·政事》有云:“贾充初定律令,与羊祜共咨太傅郑冲。冲曰:‘皋陶严明之旨,非仆闇懦所探。’羊曰:‘上意欲令小加弘润。’冲乃粗下意……殷仲堪当之荆州,王东亭问曰:‘德以居全为称,仁以不害物为名。方今宰牧华夏,处杀戮之职,与本

① 《三国志·韩崔高孙王传》。
② 《春秋左传正义》。
③ 《后汉书·张曹郑列传》。
④ 《后汉书·邓张徐张胡列传》。

操将不乖乎？’殷答曰：‘皋陶造刑辟之制，不为不贤；孔丘居司寇之任，未为不仁。’”①

皋陶名气之大，也被用于其他方向的举例，如《文心雕龙·丽辞》就用其举例讨论文学：“造化赋形，支体必双，神理为用，事不孤立。夫心生文辞，运裁百虑，高下相须，自然成对。唐虞之世，辞未极文，而皋陶赞云：‘罪疑惟轻，功疑惟重。’益陈谟云：‘满招损，谦受益。’岂营丽辞，率然对尔。”②

萧统所编《昭明文选》中谈及律令时，也以皋陶造法为源头：“风俗通曰：谨按律者，法也。皋陶谟：虞云始造律。时主所制曰令。汉书，著甲令，夫吏者，始也，当先自正，然後正人。故文书下如律令，言当履绳墨，动不失律令也。”③

四、唐代

及至唐代，《唐律疏议》依然以皋陶为榜样。《唐律疏议·名例律》中有言：“咸有天秩，典司刑宪，大道之化，击壤无违。迨乎唐虞，化行事简，议刑以定其罪，画象以愧其心。所有条贯，良多简略，年代浸远，不可得而详焉。尧舜时理官则谓之为士，而皋陶为之。其法略存，而往往概见。则《风俗通》所云皋陶谟虞造律是也。律者，训铨训法也。”④

《唐律疏议·断狱律》论及狱政的历史源头，又追溯到皋陶。如前文所述，皋陶是狱政的始祖，夏、商、周朝各有称谓，到了汉代才称为“狱”，后世就沿用了下去，书中解释道：“断狱律之名，起自于魏，魏分里悝囚法而出此篇。至北齐，与捕律相合，更名捕断律。至后周，复为断狱律。释名云：‘狱者，确也，以实囚情。皋陶造狱，

① 《世说新语·政事》。
② 《文心雕龙·丽辞》。
③ 《昭明文选》卷四四。
④ 《唐律疏议·名例律》。

夏曰夏台,殷名羑里,周曰圜土,秦曰囹圄,汉以来名狱。'然诸篇罪名,各有类例,讯舍出入,各立章程。此篇错综一部条流,以为决断之法,故承众篇之下。"①

杜佑所编《通典》中也多次提及皋陶,称皋陶为"九刑"的鼻祖,记载如下:"(……又,舜典云'流宥五刑'者,五刑中有死,既以流放代死,此二明四凶不死也。又舜典言,舜美皋陶作士曰:'五流有宅。'孔安国注云:'五流有宅者,谓不忍加刑,则流放之,若四凶。'此三明四凶不死也。按洪范:'鲧则殛死,禹乃嗣兴。'或者谓便杀之,所以辨鲧至羽山而自死者也。)四罪而天下咸服。又'五流有宅,五宅三居。(谓不忍加刑,则流放之,若四凶也。五流各有所居之差,有三等之居,大罪四裔,次九州之外,次千里之外也。)惟明克允'。(言咎繇能明五刑,施之远近。前古五帝之代,据左氏载晋叔向所言,夏有乱政而作禹刑,商有乱政而作汤刑,周有乱政而作九刑,三辟之兴,皆叔世也。言九刑,以墨一、劓二、剕三、宫四、大辟五,又流六、赎七、鞭八、扑九,故曰九刑也……"对于五刑的效果,杜佑也有描述:"(……舜又赞美皋陶曰:'汝作士,五刑有服。'又知帝舜初立之时,暂废五刑,后又用耳。且尚书经正圣哲所传,左氏、班书向恐而不据,其谶纬之言,同不足征也。荀卿曰:'肉刑者,盖百王之所同,未有知其所由来者矣。'诚哉是言。)夏启即位,有扈不道,誓众曰:'不用命,戮于社。'(载社主有奔北者,则戮之主前。以社主阴,阴主杀。)后又作禹刑。"②

房玄龄在《晋书·志·第二十章》中讨论刑法和刑罚的合理性,也举出了上古皋陶造法的例子。皋陶造五刑,而人民知道有禁,而不违反,于是有治世。他写道:"传曰'三皇设言而民不违,五帝画象而民知禁',则《书》所谓'象以典刑,流宥五刑,鞭作官刑,扑

① 《唐律疏议·断狱律》。

② 《通典》卷一六三。

作教刑’者也。然则犯黥者皁其巾，犯劓者丹其服，犯膑者墨其体，犯宫者杂其屦，大辟之罪，殊刑之极，布其衣裾而无领缘，投之于市，与众弃之。舜命皋陶曰：‘五刑有服，五服三就，五流有宅，五宅三居。’方乎前载，事既参倍。夏后氏之王天下也，则五刑之属三千。殷因于夏，有所损益。周人以三典刑邦国，以五听察民情，左嘉右肺，事均熔造，而五刑之属犹有二千五百焉。乃置三刺、三宥、三赦之法：一刺曰讯群臣，再刺曰讯群吏，三刺曰讯万民；一宥曰不识，再宥曰过失，三宥曰遗忘；一赦曰幼弱，再赦曰老旄，三赦曰蠢愚。《司马法》：或起甲兵以征不义，废贡职则讨，不朝会则诛，乱嫡庶则絷，变礼刑则放。”“至章帝时，尚书陈宠上疏曰：‘先王之政，赏不僭，刑不滥，与其不得已，宁僭不滥。故唐尧著典曰“流宥五刑，眚灾肆赦”。帝舜命皋陶以“五宅三居，惟明克允”。文王重《易》六爻，而列丛棘之听；周公作《立政》，戒成王勿误乎庶狱。陛下即位，率由此义，而有司执事，未悉奉承。断狱者急于榜格酷烈之痛，执宪者繁于诈欺放滥之文，违本离实，棰楚为奸，或因公行私，以逞威福。夫为政也，犹张琴瑟，大弦急者小弦绝，故子贡非臧孙之猛法，而美郑侨之仁政。方今圣德充塞，假于上下，宜因此时，隆先圣之务，荡涤烦苛，轻薄棰楚，以济群生，广至德也。’帝纳宠言，决罪行刑，务于宽厚。其后遂诏有司，禁绝钻鑽诸酷痛旧制，解祆恶之禁，除文致之请，谳五十余事，定著于令。是后狱法和平。”①

五、宋代

宋代司马光的《资治通鉴·汉纪十七》依然以皋陶为例，论述“刑”的合法性，同时批判本朝的吏治，内容如下：“廷尉史巨鹿路温舒上书曰：……臣闻秦有十失，其一尚存，治狱之吏是也。夫狱者，天下之大命也，死者不可复生，绝者不可复属。《书》曰：‘与其杀不

---

① 《晋书·志·第二十章》。

辜,宁失不经。’今治狱吏则不然,上下相驱,以刻为明,深者获公名,平者多后患,故治狱之吏皆欲人死,非憎人也,自安之道在人之死。是以死人之血流离于市,被刑之徒,比肩而立,大辟之计,岁以万数。此仁圣之所以伤也,太平之未洽,凡以此也。夫人情,安则乐生,痛则思死,棰楚之下,何求而不得!故囚人不胜痛,则饰辞以示之;吏治者利其然,则指导以明之;上奏畏却,则锻练而周内之。盖奏当之成,虽皋陶听之,犹以为死有馀辜。何则?成练者众,文致之罪明也。故俗语曰:‘画地为狱,议不入;刻木为吏,期不对。’此皆疾吏之风,悲痛之辞也。唯陛下省法制,宽刑罚,则太平之风可兴于世。”①

同时,司马光以此批判当朝刑法:“刘向因是说上:‘……或曰:不能具礼。礼以养人为本,如有过差,是过而养人也。刑罚之过或至死伤,今之刑非皋陶之法也,而有司请定法,削则削,笔则笔,救时务也。至于礼乐,则曰不敢,是敢于杀人、不敢于养人也。为其俎豆、管弦之间小不备,因是绝而不为,是去小不备而就大不备,惑莫甚焉!夫教化之比于刑法,刑法轻,是舍所重而急所轻也。教化,所恃以为治也;刑法,所以助治也;今废所恃而独立其所助,非所以致太平也。自京师有悖逆不顺之子孙,至于陷大辟、受刑戮者不绝,由不习五常之道也。夫承千岁之衰周,继暴秦之馀敝,民渐渍恶俗,贪饕险诐,不闲义理,不示以大化而独驱以刑罚,终已不改!’”②

王安石在《临川集·答圣问赓歌事》中也提及皋陶:“盖人君率其臣作而兴事,在明乎善而已。明乎善,在所为法以示人者当。所为法以示人者当,乃股肱之所以喜也。股肱喜而事功成,事功成而能屡省以不怠废。此又股肱之所以喜也。为是者,在钦而已矣。

① 《资治通鉴·汉纪十七》。

② 《资治通鉴·汉纪二十四》。

皋陶拜手稽首，扬言曰：‘念哉！率作兴事，慎乃宪。钦哉！屡省乃成。钦哉！’此之谓也。盖宪者，为法以示人之谓也。所为法以示人者，当率法慎为能，然钦慎而不明乎善，亦何能济？故人君者，以明乎善为难。苟明乎善矣，则人臣孰敢为不善？人臣无敢为不善，事其有不治者乎？乃赓载歌曰：‘元首明哉，股肱良哉，庶事康哉。’此之谓也。人君不务近其人，论先王之道以自明，而苟欲以耳目所见闻，总天下万事而断之以私智，则人臣皆将归事于其君，而不任其责。淫辞邪说并至，而人君听断不知所出。此事之所堕也。又歌曰：‘元首丛脞哉，股肱惰哉，万事堕哉。’此之谓也。然则人君欲股肱良而庶事康，不在乎他，在明乎善而已。明乎善，不可以责诸人也。伏惟天锡陛下以尧、舜之材，自秦、汉以来欲治之主，固未有能仿佛者，然百工未熙、庶事未康者，殆所谓近其人，论先王之道以自明者，尚有所缺，而非可以他求也。臣昨日蒙德音喻及《尚书》赓歌之事，而愚憧仓卒，言不及究，故敢复具所闻以献，伏惟圣心加察。幸甚。”①

王安石同时强调经济和法治的相辅相成。他认为律令教化须建立在百姓经济条件变好之后，皋陶作士是上古治世治理环环相扣的一环，在前面众臣打下的基础之上，加上刑罚法令的威慑，达成治世的最终结果。王安石着重强调了政令治理的整体性，他认为只有多管齐下，方能达到理想结果：“舜命其臣而敕戒之，未有不让者焉，至于夔，则独无所让，而又称其乐之和美者，何也？夫禹、垂、益、伯夷、龙，皆新命者也，故畴于众臣而后命之，而皆有让矣。弃、契、皋陶、夔当是时，盖已为是官，因命是五人者而敕戒之焉耳，故独无所让也。孔氏曰禹、垂、益、伯夷、夔、龙皆新命者，盖失之矣。圣人之聪明虽大过于人，然未尝自用聪明也。故舜之命此九人者，未尝不咨而后命焉，则何独于夔而不然乎？使夔为新命者，

① 《临川集·答圣问赓歌事》。

则何称其乐之和美也？使夔之受命之日已称其乐之和美，则贤人之举措，亦少轻矣。孔氏之说，盖惑于'命汝典乐'之语尔。夫'汝作司徒''汝作士'之文，岂异于'命汝典乐'之语乎？且所以知其非新命者，盖舜不畴而命之，而无所让也。舜之命夔也，亦无所畴，夔之受命也，亦无所让，则何以知其为新命乎？夫击石拊石而百兽率舞，非夔之所能为也，为之者，众臣也。非众臣之所能为也，为之者，舜也。将有治于天下，则可以无相乎？故命禹以宅百揆也。民窘于衣食，而欲其化而入于善，岂可得哉？故次命弃以为稷也。民既富而可以教矣，则岂可以无教哉？故次命契以为司徒也。既教之，则民不能无不帅教者，民有不帅教，则岂可以无刑乎？故次命皋陶以为士也。此皆治人之所先急者，备矣，则可以治末之时也。工者，治人之末者也，故次命垂以为共工也。于是治人之事具，则宜及于鸟兽草木也，故次命益以为虞也。夫其所以治，至于鸟兽草木，则天下之功至矣，治天下之功至，则可以制礼之时也，故次命伯夷以为典礼也。夫治至于鸟兽草木，而人有礼以节文之，则政道成矣，可以作乐，以乐其成也，故次命夔以为典乐也。借使禹不能总百揆，稷不能富万民，契不能教，皋陶不能士，垂不能共工，伯夷不能典礼，然则天下乱矣。天下乱，而夔欲击石拊石、百兽率舞，其可得乎？故曰为之者，众臣也。使舜不能用是众臣，则是众臣亦不能成其功矣，故曰非众臣之所能为也，为之者，舜也。夫夔之所以称其乐之和美者，岂以为伐耶？盖以美舜也。孔子之所谓'将顺其美'者，其夔哉！"①

六、明清

到了明代和清代，关于皋陶的记载依然很多。皋陶此时被塑造为一个治世贤才，言及"圣人"时，往往会被提起，乃至作为贤臣

① 《临川集·夔说》。

的模板，出现在给小朋友开蒙的读本之上。如《尚书·皋陶谟》这样的名篇，以及前代书写的与皋陶相关的篇章，在明清时期的书中被屡屡提起。比如，清代江永撰写的《礼书纲目》职官一节就几乎全文引用《尚书》所记载皋陶之言。相较于前代，明清两代引用皋陶造法评判本朝吏治的做法出现得少，而更多以皋陶为榜样，期待上古治世这般景象再次出现。

明代归有光的《舜有臣五人而天下治》就是一篇脍炙人口、气势磅礴又短小精悍的散文，具体内容如下：“古之圣人，得贤臣以弘化者也。夫圣王未尝不待贤臣以成其功业也，有虞君臣之际，所以成其无为之化，而后之言治者，可以稽矣。且夫天之生斯民也，必有聪明睿智之人，以时乂万邦，而统治于上，以为之君；其有是君也，亦必有笃棐励翼之人，以承辟厥德，而分治于下，以为之臣。有民无君，则智力雄长，固无以胥匡以生；而有君无臣，则元首丛脞，其不能以一人典天下之职明矣。是故人知有虞致治之隆，超轶于三王之上，而不知当时人才之盛，而特有赖于五人之功。盖贤俊汇生，天所以开一代文明之治，而惟帝时举，则圣人所以为天下得人者也。故夫洪水未平，方轸下民之咨，使四岳之举，皆圮族之徒，则舜亦无所为力者。而九载弗成之际，适有文明之禹，以干其蛊。所以排怀襄之患，而底地平天成之功者，得禹以为之者也。燕民未粒，方轸阻饥之忧，使九官之中，皆象恭之流，则舜亦无所可恃者。而五谷不登之馀，适有思文之稷，以奏之食。所以尽相之道，而启陈常时夏之功者，得稷以为之者也。民食而不知教，圣人又以为天下之忧，时则有契以为之司徒，所以迪兹彝教，而在宽之敷，天下皆知锡汝保极，而乐于为善；民教而不知刑，圣人又以为天下之防，时则有皋陶以明刑，所以明于五刑，而协中之化，天下皆能不犯于有司，而惮于为恶。至于万物异类而一原，尽人之性，而不能尽物之性，亦圣人之所病者。当夫于变时雍之日，又得伯益以掌虞衡山泽之政，则不徒为民除害，而所以若予上下草木鸟兽者，终有赖焉；是知舜之有五人也，天下皆见五人也。天下皆见五人之为，而不知舜之为。及天下之治也，天下皆以为舜之功，而不知其为五人之功，天道运而四时成，君臣合而治化隆。观于此，不独见有虞人才之盛，又可以见圣人恭己无为之治矣！"

蔡清在儿童启蒙书《四书蒙引》中也提到了上面这篇文章，同时结合了王安石提到的系统政论，如是写道："舜得臣五人而天下自治，舜恭已无为矣，则人才何其盛乎？禹平水土，兼宅百揆，而天下之民得平土而居之矣。天下之庶职，亦咸熙矣。稷播百谷，而天下之民举无饥矣。契敷五教，而天下之民自相亲睦矣。皋陶明刑，而天下之民无敢作非矣。伯益焚山泽，而天下之民无禽兽之害矣。此舜之所以得臣五人，而天下治者也。"①

《皇明通纪辑要》中收录了任命周贞为刑部尚书时的上谕："刑以辅治，唐虞不免观，舜命皋陶之辞始曰，明刑终期无刑。皋陶告舜亦曰，与其杀不辜，宁失不经者。时君臣莫不恤刑为重，而民亦不自犯。所以能致雍熙之治，朕尝观此深有所感。即当体之甘露，降于乾清宫后苑苍松之上，宋濂颂以献。"②

明代张居正的《请稽查章奏随事考成以修实政疏》中论及法律实施的重要性时也提到了皋陶的名字，原句为："尧之命舜曰：询事考言，乃言底可绩。皋陶之论治曰：率作兴事，钦哉，屡省乃成。盖天下之事，不难于立法，而难于法之必行。不难于听言，而难于言之必效。"③

顾炎武也曾言及皋陶："明主劳于求贤，而逸于任人。韩非子云：王登为中牟令。《吕氏春秋》作任登言中牟士中章胥己。襄主曰：'子见之，我将以为中大夫。'其相室曰：'中大夫，晋重列也，今

① 《四书蒙引》卷六。

② 《皇明通纪辑要》卷四。

③ 《明经世文编》卷三二四。

无功而受,君其耳而未之目邪?’襄主曰:‘我取登既耳而目之矣。登之所取,又耳而目之,是耳目人终无已也。’此执要之论也。善乎!子夏之告樊迟也,曰:‘舜有天下,选于众;举皋陶不仁者远矣。汤有天下,选于众;举伊尹,不仁者远矣。为民而立之君,故班爵之意,天子与公、侯、伯、子、男一也,而非绝世之贵。代耕而赋之禄,故班爵之意,君、卿、大夫、士与庶人在官一也,而非无事之食。是故知天子一位之义,则不敢肆于民上以自尊;知禄以代耕之义,则不敢厚取于民以自奉。’不明乎此,而侮夺人之君,常多于三代之下矣。”①

此外,清代尤重刑部的合理性,官员论述时也用皋陶的故事举例。例如,徐乾学写道:“外自提刑按察司所定三流以上罪,内自八旗五城御史诸案牍,统归于刑部十四司。每岁报闻,而轻重之。至于新旧条规,宜归画一,非时矜恤,务广德意。天下督抚之所帅以奉行者,惟视刑部之所颁下而已。易之取象刑狱者有二,明在上,威在下,曰噬嗑。威在上,明在下,曰丰。噬嗑象,曰明罚法。先儒以明罚者所以示民,而使之知避。法者,所以防民而使之知畏,此皆设于未用刑之前。故明在上,威在下,正今刑部职也。若威在上,明在下,则曰折狱致刑。特奉上之法以致之民,良有司之职而已。故刑者,人命所系,而天下人命,尤系于刑部之一官,可不慎哉!我朝忠厚立国,皇上御极,兢兢惟刑之恤。每岁论囚,多所宽赦,临决之际,涕泣减膳,犹时谕三法司以无枉滥失入,好生之德,洽于人心,宜乎致刑措不难矣。然予观自古皋陶为士,终身不迁其官;若汉之于定国陈宠何比干,皆家世治律,明习法比,故吏不得因缘为欺。今部掾吏长子孙,其中轻重之例,惟意所拟,居官者对案茫然,但侥幸无事速去而已。予兄弟先后蒙恩迭掌邦禁,虽稍欲有所施设,亦以迁除之急,未尽展布也。以是求刑之无冤,以仰称圣

① 《皇朝经世文编》。

天子清问之至意，岂不难哉，虽然，不可不尽心也。一案之误，动累多人；一例之差，贻害数世，不惟其时之久暂也。梁统以重刑一疏，而祸湛门族；路温舒求尚德缓刑，子孙显宦。殃庆之积，不待其久也，且身有去，名姓不灭，百世而下，悠悠之口，谁复相借乎？观此题者，庶亦惧而知警。”①

清末主持修律的大臣沈家本在言及法律的重要性时也提到了皋陶，他认为：“虞廷尚有皋陶，周室尚有苏公。此古之法家并是专门之学，故法学重焉。”②在沈家本的说法中，皋陶是禹治世的法律重臣。在清末修律过程中，沈家本所代表的法理派“参酌各国法律”，让中国的法治建设走向现代化的道路。这也是沈家本本人坚持法治，践行先圣皋陶精神的具体体现。

---

① 《皇朝经世文编》。

② （清）沈家本撰：《历代刑法考》，邓经元、骈宇骞点校，中华书局1985年版，第2141页。

助禹治水

(皋陶在辅佐禹的时期,帮助禹治理水患。图为皋陶帮助禹治水的场景)

第二章

皋城源起:皋陶与六安

第一节 “六安”的由来——六安的建制沿革

六安这座城市,历史悠久,为皖西文化的发源地。作为皋陶后代的封地所在,六安市也被称为“皋城”。

《史记·夏本纪》对此有如下记载:“帝禹立而举皋陶荐之,且授政焉,而皋陶卒。封皋陶之后于英、六,或在许。而后举益,任之政。”①因此,“六”地应当是皋陶后代主要的聚居地。《索隐》引《地理志》对“六”地进行解释:“六安国六县,咎繇后偃姓所封国。”因此,当时对“六”国的界定即后来的六安国之六县所在。《括地志》也对“六城”有所说明:“故六城在寿州安丰县南一百三十二里。春秋文五年秋,楚成大心灭之。”此处所说的六为楚所灭之事,在《左传》中有所记载:“秋,楚成大心、仲归帅师灭六。冬,楚子燮灭蓼,臧文仲闻六与蓼灭,曰:‘皋陶庭坚,不祀忽诸。德之不建,民之无援,哀哉!’”②由此可知,鲁文公五年(公元前622年),楚国出兵先后消灭了六与蓼。《史记正义》认为“英盖蓼也”,即“英”国就是“蓼”国。《括地志》也有类似的说法:“光州固始县,本春秋时蓼

---

① 《史记·夏本纪》。

② 《左传·文公五年》。

国,偃姓,皋陶之后也。”故而,当鲁国大臣臧文仲听说皋陶后代的封地六国与蓼国都被楚国征服后,不禁感叹:“今后皋陶便无人祭祀了。”

秦统一天下后,在原有六国地区设立六县,归属于九江郡。秦亡后,项羽曾封黥布为九江王,都城便在六县。其后,黥布背楚归汉,刘邦便封其为淮南王,仍“都六”。文帝十六年(公元前 164 年),汉文帝将原本淮南国的地域一分为三,其中一国为衡山国,都城为六县。而“六安”这个称谓,是到元狩二年(公元前 121 年),由汉武帝设置“六安国”后才形成的。《史记・五宗世家》《汉书・景十三王传》等史料中记载了汉武帝设置六安国的背景。《史记・五宗世家》中内容如下:“胶东康王寄,以孝景中二年用皇子为胶东王。二十八年卒。淮南王谋反时,寄微闻其事,私作楼车镞矢战守备,候淮南之起。及吏治淮南之事,辞出之。寄于上最亲,意伤之,发病而死,不敢置后,于是上。寄有长子者名贤,母无宠;少子名庆,母爱幸,寄常欲立之,为不次,因有过,遂无言。上怜之,乃以贤为胶东王奉康王嗣,而封庆于故衡山地,为六安王。胶东王贤立十四年卒,谥为哀王。子庆为王。六安王庆,以元狩二年用胶东康王子为六安王。”①

《汉书・景十三王传》的记载与《史记・五宗世家》内容一致,并列举了历代六安王:“胶东康王寄以孝景中二年立,二十八年薨。淮南王谋反时,寄微闻其事,私作兵车镞矢,战守备,备淮南之起。及吏治淮南事,辞出之。寄于上最亲,意自伤,发病而死,不敢置后。于是上闻寄有长子贤,母无宠,少子庆,母爱幸,寄常欲立之,为非次,因有过,遂无所言。上怜之,立贤为胶东王,奉康王祀,而封庆为六安王,王故衡山地。胶东王贤立十五年薨,谥为哀王。子戴王通平嗣,二十四年薨。子顷王音嗣,五十四年薨。子共王授

---

① 《史记・五宗世家》。

嗣，十四年薨。子殷嗣，王莽时绝。六安共王庆立三十八年薨。子夷王禄嗣，十年薨。子缪王定嗣，二十二年薨。子顷王光嗣，二十七年薨。子育嗣，王莽时绝。”①

按照上述史料的说法，六安国的故事与胶东王刘寄有关。早在汉景帝中元二年（公元前 148 年），刘寄就被封为胶东王。而在汉武帝时期，淮南王刘安谋反案发，刘寄受到牵连。在审查谋反案时，朝廷发现刘寄事先对淮南王谋反之事已经有所察觉，却并未报告，反而暗中制造战车弓矢，为淮南王起事做准备。刘寄跟汉武帝关系亲密，因此内心煎熬，没多久便得病死了，也不敢给自己的胶东国立太子。皇上怜惜刘寄，便在元狩二年将他的长子刘贤封为胶东王，将他的小儿子刘庆封为六安王，封地就是原本衡山国的地域。西汉时期，第一任六安王刘庆在位 38 年。刘庆死后，其子刘禄继承王位，在位 10 年。之后，其子刘定继位，在位 22 年。刘定之子刘光继位，在位 27 年。其子刘育承袭王位后，恰逢王莽篡汉，六安国逐渐被废除。

至东汉，因县西二十五里有盛唐山，六安地区被改为盛唐县，归属庐江郡。西晋太康三年（公元 282 年），将其改为六安县，作为庐江郡的郡治所在。隋朝时，六安改为霍山县。唐武德四年（公元 621 年），朝廷设置霍州，将该地归属入内。贞观元年（公元 627 年），霍州被取消，仍为霍山县，归属寿州。开元二十七年（公元 739 年），朝廷又将霍山县改回盛唐县。五代时期，盛唐县曾被改为来化县，但很快又改回了盛唐县。宋开宝四年（公元 971 年），盛唐县被改为了六安县，并将霍山县纳入其管辖。政和八年（公元 1118 年），六安县升为六安军，归属寿春府。绍兴十三年（公元 1143 年），六安军又降为六安县，归属安丰军。景定五年（公元 1264 年），六安县再次升为六安军。元朝至元二十八年（公元 1291 年），

---

① 《汉书·景十三王传》。

六安被降为县,归属庐州,其后又升为六安州,仍然归属庐州路。明洪武四年(公元 1371 年),六安被划归至凤阳府,直到洪武十五年(公元 1382 年)才得以恢复为六安州,归属庐州府。清雍正二年(公元 1724 年),六安州成为直隶州,领霍山、英山二县。①

民国时期,六安州改为六安县,曾一度归属于安庆道,但随后又取消了道的设置。民国二十一年(公元 1932 年),六安、舒城、霍山归属于安徽省第三行政督察区;同年 10 月,六安被划归至河南省第九行政督察区;次年 3 月,又重新划归至安徽省第三行政督察区。民国二十七年(公元 1938 年)7 月,寿县、霍邱被划入第三行政督察区。民国二十九年(公元 1940 年),安徽省第三行政督察区变更为第二行政督察区,所辖区域不变,驻地位于六安。②

与此同时,六安地区也相继成立了多处革命政权。民国十九年(公元 1930 年)四月,霍山县成立首届苏维埃政府,次年又成立了第二届霍山县苏维埃政府和霍邱县苏维埃政府,并成立了苏(城)桐(城)庐(江)边区、英(山)霍(山)边区、五县边区等地方政权。民国二十一年(公元 1932 年),霍邱县苏维埃政府改为红城县苏维埃政府,同时英霍边区和五县边区合并,成立了五县苏维埃政府。民国二十三年(公元 1934 年),赤城县、赤南县苏维埃政府成立。民国二十四年(公元 1935 年),当地又成立了舒(城)霍(山)潜(山)边区苏维埃政府。民国三十六年(公元 1947 年)10 月,皖西行署设立,这标志着皖西解放区的正式建立。民国三十八年(公元 1949 年)1 月 22 日,皖西行署第三专署移驻六安城,相应成立六

---

① 参见《太平寰宇记》卷一二九;《记纂渊海》卷一二;《通鉴纲目》卷二、卷四;《明一统志》卷一四;《大明清类天文分野之书》卷二;《续文献通考》卷二二七《舆地考》;《读史方舆纪要》卷二六;《府厅州县图志》(乾隆朝)卷九;《重修安徽通志》(光绪朝)卷二〇。

② 参见六安市地方志编纂委员会编:《六安市志》,黄山书社 2010 年版,第 159 页。

安市;同年4月,皖西行署第三专署改称六安行政督察专员公署,隶属于皖北行政公署,所辖地区包括寿县、霍邱、金寨、霍山、舒城、六南、六北以及六安市。其后不久,六南、六北与六安市合并。①

中华人民共和国成立之后,六安的建制仍有重要变化。1952年2月4日,肥西县划归至六安;但在1958年6月21日又被划归至合肥;直到1961年4月13日,肥西县重新划归至六安专区。同时,1958年7月12日,六安增领庐江县。1971年3月29日,六安专区改为地区。1978年9月23日,成立县级六安市,隶属于六安地区行政公署。1983年6月7日,肥西县再次划归至合肥市管辖,六安地区行政公署领一市(六安市)六县(六安、寿县、霍邱、舒城、金寨、霍山)。1992年12月,六安市与六安县合并,称六安市(县级)。1999年9月2日,国务院批准六安撤地设市。2000年3月22日,省辖六安市正式成立。②

① 参见六安市地方志编纂委员会编:《六安市志》,黄山书社2010年版,第159页。

② 参见六安市地方志编纂委员会编:《六安市志》,黄山书社2010年版,第159页。

拜鸟图腾

（皋陶是东夷部落首领,他们以鸟为图腾。图中描绘的是皋陶率领部落成员拜鸟图腾的活动场面）

第二节 “封于六”——六安皋陶祠的历史变迁

如前所述,根据《史记》的记载,皋陶死后,其后代被封于英、六等地。而当楚国消灭了皋陶后代的封国后,鲁国大臣臧文仲感叹今后皋陶无人祭祀供奉,因此说道:“皋陶庭坚,不祀忽诸。德之不建,民之无援,哀哉!”①由此可以推测,皋陶的后代一直在其封地进行祭祀活动,直到国灭。

实际上,六安当地的人民并没有停止对皋陶的祭祀和怀念,从地方志对皋陶祠的记载就可得知。清同治十一年(公元 1872 年)所修《六安州志》在介绍六安州所属英山县的古迹时指出,根据明代嘉靖年间的州志记载,当地曾立有皋陶祠碑,为唐代皮日休所题,碑文写道:“太史公曰:‘禹封咎繇之后于英六。’日休道出英、六阙下,厥祀存焉。乃再拜于庙庭,退而碑之,请从事阙刊于壁阙。”②据此可知,至少在唐代,六安当地就建有皋陶祠,并保留着祭祀皋陶的活动。该碑一直保留至明代嘉靖年间,直到清代才不知所踪。

在六安州城的北边十里处,有一古城遗址,名曰白沙城。宋代《太平寰宇记》有如下记载:“六安北有二古城,一曰六合,一曰白沙。莫知所始。上有皋陶庙,冢在东和里。”③此处所指的皋陶庙应当就是六安祭祀皋陶之处,由此可知宋代仍旧得以保留祭祀皋陶的活动。

元至正年间,知州王大有在州治东察院前重建皋陶祠,但元末被毁。明洪武二十一年(公元 1388 年),六安知州朱谷真又重建皋

---

① 《左传 · 文公五年》。
② (清)吴康霖编纂:《六安州志》,黄山书社 2008 年版,第 850 页。
③ (清)吴康霖编纂:《六安州志》,黄山书社 2008 年版,第 848 ~ 849 页。

陶祠,但不久后又荒废。直到嘉靖十五年(公元 1536 年),时任六安知州的方民悦拆毁北门外的药师寺的庙宇,将其改为皋陶祠。隆庆五年(公元 1571 年),知州唐可封“增置门庑,立始封六君仲甄神主配享”。天启四年(公元 1624 年),知州王元衡重修皋陶祠,但最终在明末的战乱中被毁。[①] 王元衡重修皋陶祠时,曾作《皋陶祠记》,记录了皋陶祠在嘉靖年间由知州方民悦重建,以及唐可封进一步修缮之事,并指出皋陶与禹具有同等崇高之地位,因而王元衡拿出自己的俸禄对年久失修的皋陶祠予以修葺,具体内容如下:“六之祠皋陶,盖其封地也。封之自有夏始。相传旧祠在州治东,国朝嘉靖丙午,州守方君更建此祠,则州守唐君增置俎豆之,以其后始封六君仲甄配享。噫! 忠直之意不泯于人心,所从来矣。岁久,祠倾。吏以迁代靡常,不遑经理。余奉天子命,莅兹土。瞻谒之余,见其颓然一室,风雨不蔽,日异哉。夫非古之直臣也哉? 昔甘棠遗爱,畏垒祝功,彼一国一乡,而犹若是。奚兹祠至此极也? 忆自大禹宅揆被命,推让虞廷。是时禹平水土,皋陶则以明刑弼教,合谟儆帝,千古并称禹皋云。夫水土养民,刑卫民。民养知卫,而养道成。皋陶功洵不在禹下矣。唐狄梁公巡抚江南,奏毁吴楚淫祠千七百所,所存惟夏禹、泰伯、季子、伍员者四。噫! 梁公其有私哉? 今令梁公而在,其必皋陶与禹祠并存无疑也。夫国家兴废大议,每关人心。人所欲兴,谁能废之? 则兹祠亦一饩羊矣。余因慨然以振废为己任,请于上,悉报可。于是鸠工庀材,计为堂、为庑、为阶、为门,凡若干楹,丹垩涂塈,焕然一新。中则坊石矻立,其一土一木,悉割己俸以充若费,无敢损官民一毫。余且旦暮登斯堂,奉斯法,惟喜怒或私,无敢对越,是懮信乎? 心祀之,有资庙祀多矣。方今戎马交讧,比于有虞三苗之逆然。象刑方施,苗顽即率。试取皋谟读之,惇庸命讨,昭昭具在,安见效之古者不可试之

① 参见(清)吴康霖编纂:《六安州志》,黄山书社 2008 年版,第 211 页。

今哉？此余重修兹祠意也。若日葺圮缮漏，以永诸不朽，则自有后之守土者在。”①

至清顺治十七年（公元1660年），知州吴毓珍重建皋陶祠，“为堂三楹，缭以土垣”，即共兴建堂屋三间，外部以矮墙环绕。康熙三十七年（公元1698年），知州王廷曾对皋陶祠又进行了扩建，前后各增加了三间房，并在皋陶祠东边建了一座望岳楼。此后，每年春、秋二仲上戊，即春季、秋季的第二个月上旬的戊日举行祭祀皋陶的活动。为了保证祭祀活动的顺利开展，同时为了维持皋陶祠日常的维护和运转，知州王廷曾在康熙三十八年（公元1699年）花费银子四十两，购买了六安西边百市集附近的水田十一石五斗，将此作为皋陶祠的产业。与此同时，王知州还买了皋陶祠旁边的“张姓草房二进，许姓草房五间”，将其作为上谕讲院。

在重修皋陶祠时，王廷曾写下《重建虞士师祠记》，对皋陶祠的兴建历史、荒废状况、重修过程，以及希望借用皋陶祠来发挥广教化、美风俗之用途的期许等进行了阐述，具体内容如下：“余以甲戌夏闰五月承乏守六，因遍览山川形胜，土风人物，而叹六为江南名州也。按六故皋陶封地，城以皋名。而问其祠，祠废守土者将奚诿焉？会综理钱谷簿牍，午未遑。阅两载，均里建仓、筑城、浚濠，诸废具举，乃得从容问数千百年以来俎豆之事矣。考旧祠在州治东，明嘉靖丙午，州守方君改今处。隆庆辛未，唐君增置之。今存天启甲子王君重修碑。国朝庚子吴君、甲子陈君先后加葺。不十余年，倾圮都尽。惟见荒除断碣，剥蚀于晓风暮雨间。令拜瞻者不胜叹息。岂建置实难？抑以事非所急，故缓之也？丙子夏，进州之绅士耆老，相与谋之。鸠工庀材，为大门、仪门、前后堂，堂前立虞士师木主。而后以祀历代宦绩之可纪者，志不忘也。不辞劳，不惜费，涂塈丹雘，焕然维新。于乎直道而未泯也，其犹见古之遗爱也夫。

① （清）吴康霖编纂：《六安州志》，黄山书社2008年版，第1574～1575页。

《尚书》典谟所载,禹皋独详。禹平水土,皋明刑弼教。说者谓皋之功不在禹下。余家会稽,世食明德,而今来守六,又得仰止斯祠,此亦可以见私淑之所自来矣。暇日登堂读法,愿吾民广教化,美风俗,以怀刑之心,臻无刑之盛。蒲鞭不试,贯索长沉。则斯祠之流泽长也。方今圣主如天好生,省刑肆赦。余得与乡先生朝夕赓明圣,咏太平,孰非体慎修,思永惇,庸叙典之训,俾绩其凝而官无旷也哉。此余重新意也。若夫踵事增华,补苴罅漏,则深有望于后之同志者。"①

皋陶祠修建完成后,王廷曾又作《重修皋陶祠记》,其内容如下:"史称禹封仲甄于六,仲甄昔皋陶子也。六城东十有余里,虞士师墓在焉。而城北则其祠。一日,以公事集士夫其间,见其基址宏敞,而栋宇庳隘,问知前守相继草创,欲广之而卒未能也。今上康熙乙亥岁,西蜀张公以少司马督学至庐阳,即檄施州谘虞士师祠庙基址,时予承乏。未几,无暇整理。今幸诸务毕给,乃即前祠而修之,高其堂廉,峻其枨闑,前后各增三楹,外特建楼东偏,以揽河山之胜。计费若干,三阅月而工竣。落成之日,荐绅文学,合辞以请,曰:'是役也,大夫不可以无记。盖祀典之载,是祠旧矣。明季兵燹后,守土者亦各能修举废坠,而民气未复,经制斯缓。今国家生聚教训,既五十有余年矣,而大夫之才,又足以承宣德意,以故朴者秉耒,秀者横经,作奸犯科之徒渐敛,而仁义忠信之士时接于庭。今日之举,以表事治年丰,以示崇礼报本,以通神人之和,而迓休祥。且祠成而吾六之大观具焉。是乌可以无记?'余曰:'唯唯!余之为是举也,将以塞守土者之责,而不谓诸父老子弟翻藉以不谖我也。'余因之重有感矣。传称雍州土厚水深,其民厚质直,东南反是。说者谓六民骄惰浮靡,往往健讼。以余观之,六固土瘠民贫,勤俭质朴,有晋魏之遗风焉。则始封之流泽远矣。间有不逞,则一时气习

① (清)吴康霖编纂:《六安州志》,黄山书社 2008 年版,第 1575~1576 页。

为之,非其性也。然则以善化导,即易以兴起而笃于仁义,何疑今者率又棐彝。余固谢不敏,而不能不为后来者望也。继自今在官俊义者,定抚辰而凝绩矣。尚进六民而为之,调其宽柔,节其恭敬。权毅温刚,简之衡而持之,以疆勇好义。为国家和典礼,懋政事。先之一邦,达诸万国。以襄我圣主允迪明谐,能哲而惠之茂理焉。余之所以冀来守,即余之所以善兹六也。夫为申其说以徇众,请且以告我后人云。"①

从上述内容可知,王廷曾由于办理公事恰好来到城北皋陶祠处,见到祠堂狭小破败,便有修建之意。经过 3 个月,皋陶祠修建完毕,并在东边建造望岳楼。修建完工之日,王廷曾在众人的提议下记录了重修皋陶祠之事,并希望以此来表明天下大治的盛况。对王廷曾重修皋陶祠之事,汪乃朝在《重修名宦乡贤祠记》中也有提及。他指出,城北原本的皋陶祠因明末战乱而被毁,一直没有整修,直到王廷曾任六安知州时才主持重修皋陶祠。新修建的皋陶祠十分壮观,"崇宏钜丽,盖前此所未有矣"②。

乾隆三十七年(公元 1772 年),时任知州的徐元将皋陶祠移建至东门之外。③ 现存皋陶墓东侧约 20 米处有一间平房,房前立有半块残碑,上面字迹已难以看见,仅隐约有"仁和徐"字样。《六安州志》在介绍历代知州时对徐元有所记载:"徐元,浙江仁和人,附贡,(乾隆)三十五年任。"④由此可以推测,该块残碑有可能为乾隆三十七年(公元 1772 年)六安知州徐元移建皋陶祠时所立,房屋位置则可能是原有皋陶祠旧址所在之处。(见图 1)

---

① (清)吴康霖编纂:《六安州志》,黄山书社 2008 年版,第 1641～1642 页。
② (清)吴康霖编纂:《六安州志》,黄山书社 2008 年版,第 1568 页。
③ 参见(清)吴康霖编纂:《六安州志》,黄山书社 2008 年版,第 343 页。
④ (清)吴康霖编纂:《六安州志》,黄山书社 2008 年版,第 509 页。

图 1　皋陶祠旧址残碑

道光年间，知州金石声重修皋陶祠。但是到了咸丰年间，太平天国起义引发战乱，六安也遭受战祸，皋陶祠因被毁废。①

清代六安州英山县有一位教谕名叫吴之骕，字耳公，号达庵。他担任教谕长达 15 年，后升为镇江教授。② 他曾前往皋陶祠参观，并作《皋陶祠》诗一首：

我行淮甸间，庙貌钦古贤。
如何六蓼灭，今尚祀庭坚。
恶人与洪水，患害无所偏。
岂知好生德，反在淑问严。
元恺安其位，四凶不少延。
协中亦已著，只叙佐熏絃。

① 参见（清）吴康霖编纂：《六安州志》，黄山书社 2008 年版，第 343 页。
② 参见（清）吴康霖编纂：《六安州志》，黄山书社 2008 年版，第 636 页。

从欲遂风动，省成庶无愆。
明良谁作歌，禹贡争后先。
松柏日以长，俎豆恒不迁。
吁嗟慎无赦，所以成中天。[①]

① （清）吴康霖编纂：《六安州志》，黄山书社 2008 年版，第 1783 ~ 1784 页。

皋陶制鼓

（皋陶不仅是司法鼻祖，还是上古时期的音乐家，他对中国的鼓文化有深远的影响。皋陶制造的木鼓被称为“皋鼓”。图为皋陶正在指导匠人们制造木鼓的场景）

第三节 “葬于六”——六安皋陶墓

《史记·夏本纪》记载:“帝禹立而举皋陶荐之,且授政焉,而皋陶卒。封皋陶之后于英、六,或在许。而后举益,任之政。”①由此可知,皋陶死后,其后代被封在英、六以及许等地。而关于皋陶墓冢的所在地,《括地志》指出:“咎繇墓在寿州安丰县南一百三十里故六城东,东都陂内大冢也。”《史记集解》也指出:“皋陶冢在庐江六县。”此处所说的安丰县以及六县,实际上指的就是今天六安市所在的地区。

《水经注》在介绍淠河时,也提及了皋陶墓之所在地为六安:“淠水又西北径马亭城西,又西北径六安县故城西,县故皋陶国也。夏禹封其少子,奉其祀。今县都陂中有大冢,民传曰公琴者,即皋陶累也。楚人谓冢为琴矣。”②此外,《明一统志》中也对皋陶墓的位置进行了说明:“皋陶冢,在六安州城东一十里。皋陶子孙封英六,故有墓在焉。”③

目前大家所知的皋陶墓位于安徽省六安市东郊,皖西大道26号。(见图2)

---

① 《史记·夏本纪》。
② 《水经注》卷三二。
③ 《明一统志》卷一四。

图2　皋陶墓

该墓外部东侧设有展板,展示了有关皋陶的历史记载及图画、图说。(见图3至图5)

图3　皋陶墓展板

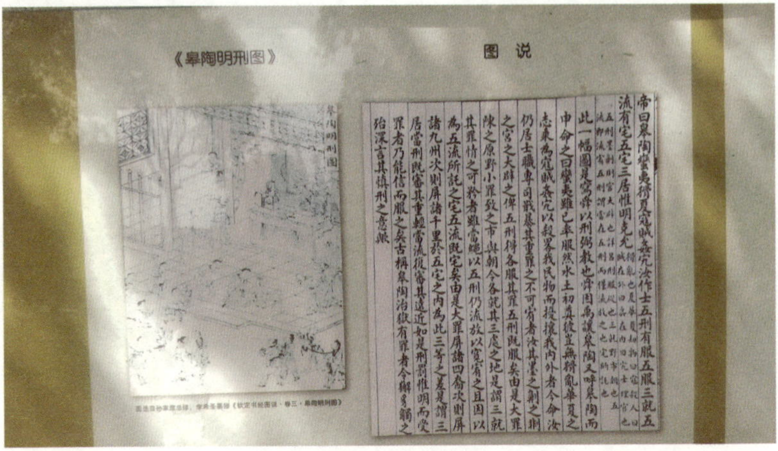

图4　皋陶明刑

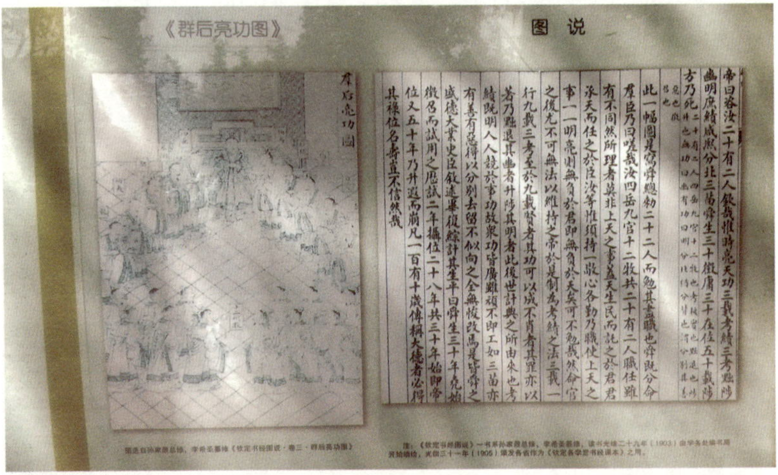

图5　群后亮功

墓前为一条青石砌成的神道，长17.5米、宽10米。神道东侧有两块石碑，均为六安市人民政府设立。其中一块白色石碑正面写有“皋陶墓”三个字，并标明“全省重点文物保护单位”“安徽省人民政府一九八九年五月二十七日公布”“六安市人民政府立”等字样,背面则是一段关于皋陶墓的介绍:“皋陶是上古时代东夷集团的氏族首领,历经尧舜禹三个时期。他倡‘九德’、明‘五刑’、弼‘五教’,在理政、制刑、教育,融合夷夏形成中华民族诸方面作出了不可磨灭的贡献。皋陶死后,葬于六安,夏禹封其少子奉其祀,故六安又称‘皋城’。皋陶墓历经沧桑,几修几圮,1996 年六安市人民政府拨款重修。1989 年 5 月公布为安徽省重点文物保护单位。保护范围:以墓冢为中心,东、西、南、北各 35 米。”(见图 6、图 7)

图 6 “皋陶墓”碑正面

图 7 “皋陶墓”碑背面

另一块黑色石碑上有“古皋陶墓”四个大字,并注明“六安市人民政府重修”“公元一九九六年十一月”等字样。(见图8)

图8 “古皋陶墓”立碑

神道向北延伸,靠近墓冢处左右各有一座石雕獬豸雕像。墓冢为一座圆形土冢,直径20米,高6.5米;墓壁高1.5米,青石砌就;墓顶中心处种有一棵黄连树,枝叶繁茂,形若伞盖。墓冢外围设有青石栏杆,将圆形墓冢划定在一块方形区域内,似有“天圆地方”之意;栏杆由106根立柱构成,暗含皋陶106岁之数。墓前立有清同治八年(公元1869年)石碑一块,高1.82米,宽0.92米,正面阴刻楷书“古皋陶墓”四个大字,为当时的安徽布政使吴坤修所书(见图9)。为进行保护,该石碑周围被铁质围栏围住。石碑前则设有一个石制香炉,乃今人建造,为祭祀时焚香之用。①

① 有关皋陶墓的相关介绍可参见冯志余:《皋陶墓》,载《中国历史博物馆馆刊》2000年第1期。

图 9 清同治八年安徽布政使吴坤修所立“古皋陶墓”碑

地方志对皋陶墓的修建情形有所介绍。如光绪朝的《重修安徽通志》记载:“夏皋陶墓在州治东十里。水经注:六安县都陂中有大冢,民相传曰公琴者,即皋陶冢也。楚人谓冢为琴。寰宇记:县北白沙城上有皋陶庙,东五里有皋陶冢。国朝同治七年署安徽巡抚吴坤修重修。”①这里所描述的情形与同治八年(公元 1869 年)的石碑相应和,即吴坤修同治七年(公元 1868 年)代理安徽巡抚,在此期间重修了皋陶墓,于同治八年(公元 1869 年)撰写碑文“古皋陶墓”四字。

关于吴坤修的生平,在地方志与《清史稿》中均有记载。地方志对其有如下描述:“吴坤修,字竹庄,江西新建人。由湖南知县于咸丰三年为曾国藩所拔识,随营带兵转战湘鄂江皖四省,克复府县城池二十余处,力护湖口要衔,剿办皖南踞逆,移防无为、庐江、芜湖,会克九洑洲各要隘。洊保题奏按察使。四年署徽宁池太广道补安徽按察使。五年署布政使,转输饟餫与学校建廨署办城防。

① 《重修安徽通志》(光绪朝)卷六〇《陵墓》。

六年回任。七年署巡抚。时皖军剿捻，坤修驻寿州筹协前敌军饷，整饬营伍，经理善后，悉皆竭心力旋，补布政司仍署巡抚。九年回任，整顿吏治，综理饷需，勤催科，筹赈恤，钜细躬亲，积劳成疾，十一年卒。官赠内阁学士衔，荫子入监以知县用。坤修好读书，喜为诗，刻《半亩园丛书》三十种，著《三耻斋诗集》十卷。在任时，浚省城沟道，置学宫礼乐器，选诸生肄之。又建忠义节烈祠、曾文正专祠、奎星阁、大观亭、振峰塔、鸠江书院，及修余忠宣、李醇风墓，皆捐资为之。"①

《清史稿》对其生平介绍更为详细，具体内容如下："吴坤修，字竹庄，江西新建人。捐纳从九，分发湖南。道光二十九年，赈湘阴水灾，勤于事。从剿李沅发，以府经历、县丞补用。咸丰二年，粤匪犯长沙，以守城功擢知县。曾国藩创立水师，坤修司军械。四年，水师攻九江，入鄱阳湖，为贼所阻不得出，令坤修单骑往南康，导往吴城、南昌。五年，率舟师防瑞丰。以父忧归。既而武昌复陷，坤修从罗泽南援湖北，复咸宁、蒲圻、崇阳、通城，累擢同知，赐花翎。进规武昌。六年，江西军事不利，胡林翼令坤修领新募军曰彪字营，会湘军援江西。复新昌、上高。由新昌取道罗坊攻奉新，梯城而登，贼死守不能拔，乃先下安义、靖安，后萃军奉新。时江西饷绌，坤修倾家赀，并劝族里富人出银米饷军；又筹银四万两解省垣，收集平江溃勇。七年春，克奉新，累擢道员。寻授广东南韶连道，仍留军，克瑞州。是年冬，东乡师溃，被劾褫职。九年，驻师抚州。江西巡抚耆龄檄督办抚、建、宁三属团练，始立团防营，驻贵溪。移德兴，出援徽州。十年，克建德。秋，徽防军溃，坤修方假归，其弟修凯摄军事，守岭外郭村。调回江西，曾国藩令守湖口，而巡抚毓科檄援建昌。贼由金豁窜东乡，坤修自抚州迎击于邓家埠，大破之。贼复出贵溪窜安仁，遏之不得渡河，乃窜德兴、万年，将扰景德

① 《重修安徽通志》（光绪朝）卷一三九《名宦统部》。

镇。坤修由饶州驰援景德,以固祁门大军后路。会贼由建德上犯,国藩令援湖口。坤修且战且进,先贼至,城恃以完,加盐运使衔。同治元年,李秀成自苏州援江宁,分犯芜湖,会军击却之,又会克金保圩、高淳、溧水及溧阳、东坝各要隘,遣散降众数万。三年,加布政使衔。江宁克复,以按察使记名。四年,署徽宁池太广道,授安徽按察使。五年,署布政使。六年,巡抚英翰,驻颍州,出境剿捻,坤修转输饷运,未尝迟乏。七年,署巡抚,实授布政使。东捻平,请假回籍补终父母丧。九年,回任。十一年,卒。巡抚英翰疏陈其战功政绩,赐恤,赠内阁学士。"①

根据上述记载可知,吴坤修,字竹庄,是江西新建人。他是捐纳出身,起初在湖南湘阴做了个从九品的小官。至咸丰年间,因剿灭太平天国有功,吴坤修得到曾国藩的赏识,并在剿匪的战斗中展现其军事能力,接连收复失地,从而得到朝廷的奖赏。他不仅变卖家产充作军饷,还积极训练团练,并接连取得一系列战功,如率军及时救援江西建昌,并在余江县邓家埠大破太平军。随后,吴坤修又率军飞速驰援景德镇,抵挡太平军继续北进,从而保证了曾国藩祁门大营的后方安全。此时,太平军突然从浙江建德攻入江西,直逼重镇湖口。吴坤修再次临危受命,率部急速行军,比太平军提早抵达湖口,成功进行了防御。在江西平叛太平军后,吴坤修率部进入安徽作战。同治元年(公元1862年),吴坤修击退进攻芜湖的李秀成太平军,继而收复金宝圩、高淳、溧水及溧阳、东坝各要隘,并把投降的数万太平军遣散。基于上述功绩,他在同治四年(公元1865年)被正式任命为安徽按察使;同治七年(公元1868年)又升任安徽布政使,并代理安徽巡抚。也正是在担任布政使期间,吴坤修重修了皋陶墓,并立碑题字。同治十一年(公元1872年),吴坤修去世,朝廷追赠其"内阁学士"之衔。

---

① 《清史稿·列传》卷二二〇。

清代徐国显经过皋陶墓时予以凭吊,并写下《过皋陶墓》诗:

英英灵气尚如新,
虞夏而还见几人。
共问当年推执法,
宁知衷曲在安民?[①]

① (清)吴康霖编纂:《六安州志》,黄山书社2008年版,第850页。

皋陶奏龠

(《吕氏春秋》记载:“于是命皋陶作为夏龠九成,以昭其功。”图中描绘的是皋陶亲自演奏古龠的场面)

第四节　六安当地对皋陶的研究与宣传情况

皋陶与六安有紧密的联系：皋陶既是司法鼻祖，也是六地立国之祖。《史记·夏本纪》载："帝禹立而举皋陶荐之，且授政焉，而皋陶卒，封皋陶之后于英、六，或在许。"又《水经注》载："夏禹封其少子，奉其祀。"其中准确记载了皋陶墓的位置，即今六安市开发区皋陶墓广场。作为皋陶法律文化的重要传承地，六安市自20世纪末起就大力开展对皋陶文化、皋陶精神的研究与宣传工作，并取得了显著的成果。其中，最具代表性的是六安市皋陶文化研究会的创立及其开展的各项活动。①

一、六安市委、市政府为皋陶文化的传承和发展创造有利条件

早在1990年，时任六安市委书记的韩谋相就收到了群众寄来的关于皋陶研究的信件。信中除转述了有关皋陶的史料和对皋城的记述等内容外，着重呼吁要建立研究组织，加强皋陶研究，通过打造历史文化品牌提升六安市的知名度和影响力。韩书记将该信转给了六安市地方志办公室，让他们进行史料核实以及研究可行性论证工作。虽然研究会没有立即成立，但这件事表现了当地领导开始对皋陶研究逐渐关注和重视。

1992年12月，原六安县与六安市合并为六安市（县级）后，皋陶研究会的成立工作逐渐展开。1993年前后，时任六安市政协副主席的何超主动提议成立皋陶研究会，进行皋陶研究的相关工作，

---

① 参见鲍传龙：《皋陶文化研究的历史记忆》，载刘德新主编：《皋陶与六安》（第3集），黄山书社2017年版。

并建议筹备重修皋陶墓、开展皋陶文化节等活动。这项提议得到了新任市长王根、市委第一书记陈履祥、市委书记李世昌等同志的支持。1993 年年底,六安市皋陶研究会正式成立,并挂牌对外办公。

该研究会办公地址设在六安市云路街 32 号,即当时市政府二办区六安县政协办公室。六安市皋陶研究会会长由王根担任,何超任常务副会长。陈履祥等市委领导对六安市皋陶研究会也很重视,后来的市委书记朱成林也担任过六安市皋陶研究会的名誉会长。

早在 1989 年,六安市政府就将皋陶墓申报为省级重点文物保护单位;2022 年 5 月,皋陶祭典活动被列入安徽省第六批非物质文化遗产代表性项目名录。为荟萃皋陶祭典礼仪文化成果、推进中华优秀文化传统的传承与弘扬,六安市皋陶文化研究会牵头创作了《伟哉皋陶》动画片。该系列动画片是以司法鼻祖皋陶为原型创作的,讲述了与皋陶相关的法治小故事,重点记录了皋陶治国理政、教化民众的事迹,已推出《画地为牢》《神羊助判》《种德三苗》《丹朱化鸟》《智擒浑沌》《替天行道》六部。由于其创意独特、内容生动,该系列动画片屡获大奖,如《神羊助判》于 2018 年获得安徽省动漫大赛暨首届乡村文创大赛应用动画短片类银奖;《种德三苗》获得第十六届全国法治动漫微视频作品征集活动三等奖;该系列动画在 2020 年 1 月获得了第五届“法润江淮 · 共筑美丽安徽”法治漫画、故事、微视频作品征集大赛特等奖。

近年来,六安市政府加大了弘扬、宣传皋陶文化的力度。由六安市文化和旅游局牵头,六安市先后完成了皋陶文化园、东城都遗址公园概念性规划编制,并将这两项规划逐步融入经济技术开发区文化旅游的总体发展规划之中,力争将其打造为六安市文化旅游的重要目的地。在六安市政府的领导和各界民众的共同努力下,六安市皋陶法治文化基地于 2020 年入选第三批全国法治宣传教育基地。2022 年以来，六安市政府为打造六安城市精神塑造工程，召开六安皋陶法治精神工作会议，研究皋陶法治精神，提炼任务工作方案，组织工作专班，围绕皋陶法治精神提炼、国家级法治宣传教育基地创新、城市精神展览馆建设等主题开展了多项活动。

与此同时，六安市民众也积极参加对皋陶的纪念活动。自 2016 年起，每年清明，六安市皋陶墓前广场都会举办纪念皋陶的祭典活动。除当地民众外，李氏宗祠、霍山县西山文化研究会等多个民间团体纷纷前来参与。此外，该活动上的纪念仪式引入“祭皋陶、敬皋粑”等大别山传统祭祀礼仪，增添了浓郁的皖西地方特色。

二、六安市皋陶研究会（后改名为六安市皋陶文化研究会）开展皋陶文化的宣传和研究工作

六安市皋陶研究会成立后，组织开展了大量有关皋陶的宣传和研究工作，并在一些重大活动中发挥了积极的作用。

其一，在六安市皋陶研究会的大力宣传下，我国台湾地区的李氏宗亲会对皋陶祖先产生了浓厚的兴趣，掀起了一股认祖归宗的文化热潮。在此种氛围下，六安市皋陶陵园的修建工作正式启动，皋陶陵园工程指挥部和皋陶陵园开发基金会成立。六安市政府也从有限的财政中拿出 50 万元作为投入资金，支持皋陶陵园的开发工作。为纪念此次皋陶陵园的开发活动，时任中国人民政治协商会议第八届全国委员会副主席的胡绳题写了“皋陶陵园”四字，时任六安市市长的王根也撰写了皋陶碑文。

其二，1997 年 5 月 8 日，六安市皋陶研究会与中国先秦史学会共同组织召开了全国皋陶文化研讨会。此次研讨会在六安市原政府招待所召开，共有来自全国各地的 50 余位专家学者参加，盛况空前，获得了热烈的反响。当时，《文汇报》、《新民晚报》、《上海社会科学报》、《学术月刊》、《羊城晚报》、《安徽日报》、《新安晚报》、

《皖西日报》以及我国台湾地区一些报纸杂志纷纷对此次研讨会进行了专题报道。

其三,六安市皋陶研究会先后编辑出版了论文专辑《皋陶与六安》(第1集)、《皋陶与六安》(第2集),对皋陶研究产生了积极的影响。其中,1993年12月出版的《皋陶与六安》(第1集)收录文章27篇,约13万字,许多研究填补了国内学术界对于皋陶研究的空白。1997年10月出版的《皋陶与六安》(第2集)是在同年5月全国皋陶文化研讨会召开之后,收录部分参会论文后形成的,共包含文章71篇,达40万字。1999年12月28日,县级六安市被分为金安区和裕安区,六安市皋陶研究会也随着行政区划的一分为二而撤销。2000年3月,省辖六安市成立,并筹备设立六安市皋陶文化研究会。在这期间,皋陶的研究和宣传工作并未完全停摆,许多学者仍在致力于皋陶文化的研究;特别是《皖西学院学报》设立了"皖西研究"这个专栏,发表了不少与皋陶相关的研究成果。与此同时,在宏业集团总经理叶宏贵的大力支持下,时任六安市皋陶文化研究会学术顾问的曹光森担任《皋陶文化》总编辑,2011年6月至2016年12月,共编印《皋陶文化》期刊10期,并编纂《皋陶文化》文集,持续不断地推进皋陶文化的研究。

据戚卫国撰文回忆,2015年4月3日,六安市皋陶文化研究会成立暨第一届理事会议在皖西宾馆召开。① 这意味着关于皋陶研究的专门研究会得以恢复,也标志着皋陶研究将迎来新的发展高潮。在此次会议中,负责人曹光森就皋陶文化研究会筹备工作做了报告,六安市民政局代表宣读了《关于六安市皋陶文化研究会筹备成立的批复》。此次会议通过了六安市皋陶文化研究会章程,并

① 参见戚卫国:《"十三五"期间六安皋陶文化的传承与发展》,载魏武、戚卫国主编,六安市文化和旅游局、六安市皋陶文化研究会编纂:《皋陶与六安》(第4集),黄山书社2021年版。

选举产生了六安市皋陶文化研究会会长戚卫国，副会长李勇、叶宏贵、李宝军、皋祥、鲍传龙，副秘书长包文婧、皋古宝、高勇、吴忠。

六安市皋陶文化研究会成立后，组织开展了大量的活动，取得了一定的成绩。其分别于 2017 年、2021 年编纂出版了《皋陶与六安》（第 3 集）、《皋陶与六安》（第 4 集），收录了涉及文献、简牍、先秦史、法制史、文化史、文字学、考古学等方面的 100 多篇论文，内容的深度和广度相较第 1、2 集有了较大程度的拓展和提升，使皋陶文化的研究进一步深入，并涌现新的亮点。2018 年年底，在六安市文化馆展厅建立了“皋陶文脉”展示专区；2019 年 8 月，在六安市图书馆开辟了“皋陶法律文化”专区宣传皋陶法治文化，深受读者喜爱。2015 年 5 月，光明日报社、安徽省社会科学院在六安市联合主办了皋陶法治思想与法治中国建设研讨会。2017 年 6 月，中国法官协会法院文化分会和安徽省高级人民法院主办了皋陶文化研讨会。这两次重要的皋陶文化研究会议大大提升了六安市在皋陶文化研究领域的影响力。

三、六安高校皖西学院致力于发展和研究皋陶文化

作为六安市唯一一所本科高校，皖西学院多年来致力于皋陶文化的学术研究。退休教师姚治中长期从事中国古代史与皖西地方史的研究，致力于皋陶文化研究 20 多年，苦心孤诣，笔耕不辍，共发表论文及短论 200 余篇，著有《皖西古代史探索》《走进古代皖西》《从皋陶到刘安——汉文化成型期的皖西》《重评“淮南狱”》《皋陶文化与〈道德经〉》等专著，并应安徽电视台《新安百姓讲坛》之邀，做题为“中华文明曙光升起的地方——皖西远古文化”的报告，在六安电视台《六安讲坛》连续两年主讲皖西古代史话。姚治中的研究成果经中央电视台、香港凤凰卫视等多次报道，产生了广泛的社会影响。退休教师马育良也对皋陶文化有较为深入的研究，在《皖西学院学报》发表了一系列关于皋陶文化的论文，产生了

一定的学术影响。

与此同时，皖西学院法学院成立了法治六安研究中心，下设皋陶法治文化研究所。该学院涌现出一批热衷于研究皋陶法治文化的教师，如马育良、郭文君、张涓、张小姣、周凤武等教师在《皖西学院学报》发表了多篇以皋陶为研究对象的论文，着力弘扬皋陶文化，宣扬法治精神。

四、六安城市规划中的“皋陶”

在六安的城市规划方面，市中心设有一座司法神兽“獬豸”的雕像，以此来与“中华法祖”皋陶相呼应，从而凸显六安市作为“皋城”的独特地位。（见图 10）

图 10　六安市内獬豸雕像

皖西博物馆设有“古圣皋陶”的专门布展，在馆内放置皋陶的雕像，并对其生平及死后葬于六安的情况进行大致的介绍。（见图 11、图 12）

图 11　皖西博物馆“古圣皋陶”像

图 12　皖西博物馆“皋陶”介绍

六安市文化馆也设有专门的皋陶文化展示馆，向公众开放参观。进入展厅可以看见一面皋鼓，相传该种形制为皋陶所设计。该面鼓是根据《周礼》的相关记载而仿制的，桐木为框，蒙以牛皮，鼓面直径 1.52 米，最大鼓腹 1.53 米。以鼓槌敲击鼓面，会发出低沉悠远的鼓声（见图 13）。该展览以“皋陶文脉”为主题，首先介绍了皋陶制五刑、兴五教、定五礼、立九德、亲九族，以及造狱等事迹，并配以皋陶主题的动画，使参观者能够较快地了解皋陶的相关情形（见图 14）。其次，该展厅设有皋陶与獬豸的雕像，该雕像中的皋陶表情坚毅，伸出左手，指向远方，右手则抚摸身边的独角神兽獬豸。在雕像后的屏风形展示墙上，主要介绍了与皋陶有关的法治符号，包括獬豸、獬豸冠、獬豸服、刑鼎、申明亭等内容（见图 15）。最后，展厅内还展示了与祭祀传统相关的内容和皋陶与六安国的渊源、《皋陶画传》等内容。

图 13　皋鼓

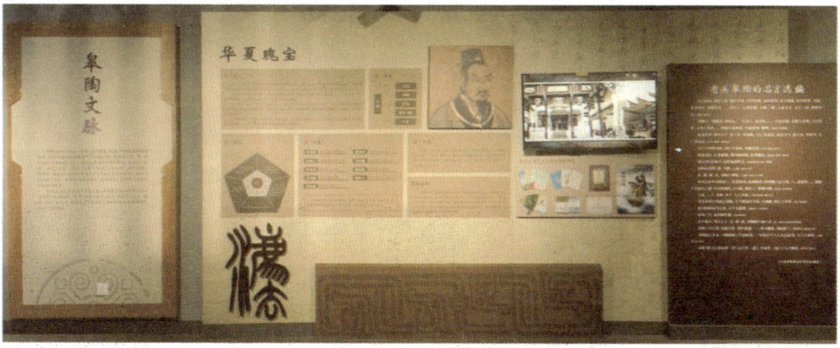

图 14　六安市文化馆皋陶文脉展厅

图 15　六安市文化馆皋陶与獬豸雕像

六安市图书馆三层也设有以皋陶为品牌的法治专区。该专区中除了存放有大量与法律相关的书籍并设置了阅读专区外，还展示着许多描写皋陶的书法作品。同时，六安市图书馆以獬豸为原型设计出“六六”和“安安”两个吉祥物作为当地的 IP 形象。

此外，位于悠然蓝溪度假景区内的皋陶五礼园也立有皋陶雕像，对皋陶立法的事迹有所介绍，并着重从“五礼”的角度进行展览。（见图 16 至图 18）

图 16　皋陶五礼园

图 17　皋陶五礼园之皋陶像

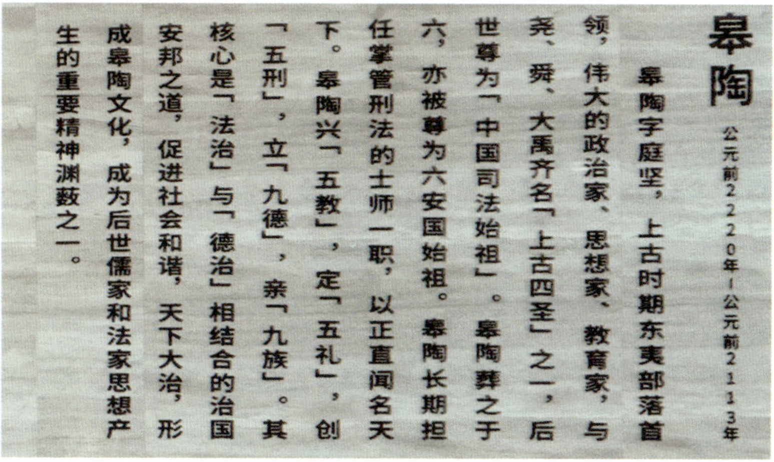

图 18　皋陶五礼园之皋陶简介

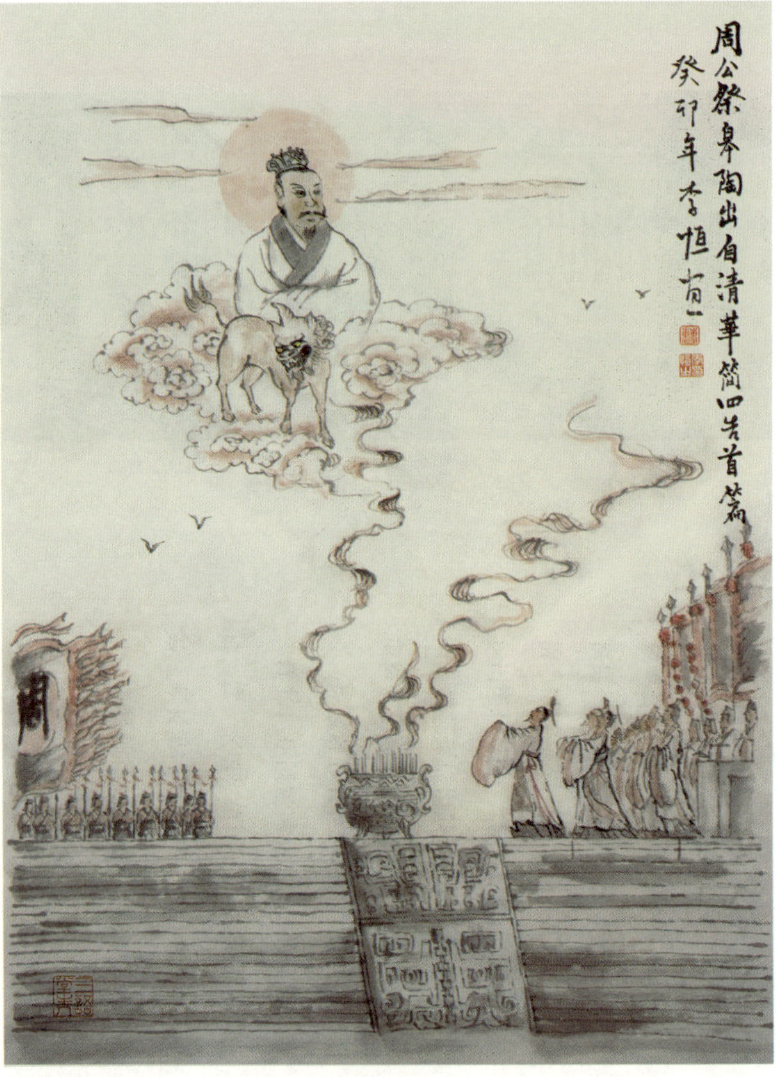

周公祭皋陶

（据《清华简 · 四告》记载，周公期望皋陶护佑成王，维护“周邦刑法”，率领伯禽、召公等人，以“国家祭典”的规格与气势祭祀皋陶。六安市清明纪念法祖皋陶活动曾以强大的演员阵容在皋陶墓前再现了这一远古盛况。图为周公祭祀皋陶的场景）

第三章

中华法祖:皋陶的治国理念及法治思想

皋陶的突出贡献不仅在于上古时期的立法、司法和监狱方面,以及与先圣共同营造了治世,他的基本理念和思想也为后世所传承和发扬,并且深刻影响了华夏文明和中华法系的发展历程。根据史料记载,皋陶曾经提出过治理国家的基本理念,以及蕴含法治精神的具体方针,从而奠定了其“中华法祖”的地位。

第一节　皋陶的治国模式及其主张

皋陶生于虞、夏时期。《史记·五帝本纪》中有如下内容:“舜入于大麓,烈风雷雨不迷,尧乃知舜之足授天下。尧老,使舜摄行天子政,巡狩。舜得举用事二十年,而尧使摄政。摄政八年而尧崩。三年丧毕,让丹朱,天下归舜。而禹、皋陶、契、后稷、伯夷、夔、龙、倕、益、彭祖自尧时而皆举用,未有分职。于是舜乃至于文祖,谋于四岳,辟四门,明通四方耳目,命十二牧论帝德,行厚德,远佞人,则蛮夷率服。”①

根据上述记载,尧年纪大了,便让舜以天子的名义摄政,8 年后

① 《史记·五帝本纪》。

尧去世。舜服丧3年后,原本打算让位于尧的儿子丹朱,但天下都归服于舜,于是由舜来继承该帝位。当时,有12名大臣自尧在位时就被任用,其中就有皋陶。由于没有设置明确的职务,舜便根据他们各自的能力授予官职;恰恰是在此次授职活动中,皋陶被任命为士,主管司法事务。皋陶非常认真地履行自己的职责,取得了良好的效果——“皋陶为大理,平,民各伏得其实”①。也许正是因为皋陶的出色表现,在禹继位之后,其仍然担任士,协助禹治理百姓,甚至禹在晚年让皋陶主政,把他作为帝位的继承人;可惜的是皋陶还没有继位就去世了,即“帝禹立而举皋陶荐之,且授政焉,而皋陶卒”②。因此,皋陶与尧、舜、禹齐名,被后世尊为“上古四圣”。

而有关皋陶对于国家治理模式的描述主要记载于《尚书·皋陶谟》之中。③ 该篇主要记录了舜、禹、皋陶等人的对话,其中皋陶针对如何继承尧的光荣传统来治理国家,向禹进行了近似于教诲式的谈话,具体内容如下:

> 曰若稽古皋陶曰:“允迪厥德,谟明弼谐。”禹曰:“俞,如何?”皋陶曰:“都!慎厥身,修思永。惇叙九族,庶明励翼,迩可远在兹。”禹拜昌言曰:“俞!”
>
> 皋陶曰:“都!在知人,在安民。”禹曰:“吁!咸若时,惟帝其难之。知人则哲,能官人。安民则惠,黎民怀之。能哲而惠,何忧乎欢兜?何迁乎有苗?何畏乎巧言令色孔壬?”
>
> 皋陶曰:“都!亦行有九德。亦言,其人有德,乃言曰,载采采。”禹曰:“何?”

---

① 《史记·五帝本纪》。

② 《史记·夏本纪》。

③ 对《尚书·皋陶谟》相关内容的解读,可参见白立超:《〈大禹谟〉、〈皋陶谟〉经解——大禹之功与皋陶之谟的内容、争论及其延续》,载《原道》2013年第1期;喻中:《皋陶与中国法理学的萌生》,载《烟台大学学报(哲学社会科学版)》2021年第2期。

皋陶曰:"宽而栗,柔而立,愿而恭,乱而敬,扰而毅,直而温,简而廉,刚而实,强而义。彰厥有常,吉哉!日宣三德,夙夜浚明有家;日严祗敬六德,亮采有邦。翕受敷施,九德咸事,俊乂在官。百僚师师,百工惟时,抚于五辰,庶绩其凝。无教逸欲,有邦兢兢业业,一日二日万几。无旷庶官,天工,人其代之。天叙有典,敕我五典五惇哉!天秩有礼,自我五礼有庸哉!同寅协恭和衷哉!天命有德,五服五章哉!天讨有罪,五刑五用哉!政事懋哉懋哉!""天聪明,自我民聪明。天明畏,自我民明威。达于上下,敬哉有土!"

皋陶曰:"朕言惠可底行?"禹曰:"俞!乃言底可绩。"皋陶曰:"予未有知,思曰赞赞襄哉!"①

根据《尚书·皋陶谟》的描述,皋陶首先明确了国家治理的基调,即"允迪厥德,谟明弼谐"。司马迁在《史记·夏本纪》中对其的表述为"信其道德,谋明辅和"②,由此可知皋陶对禹说的大意是:"只要诚信地遵守道德,君主就会决策英明,群臣也会齐心协力地辅佐君主。"作为司法官员,皋陶并没有首先突出法律或刑罚在社会管控中的作用,而是提出"德治"的根本方针,即君主自身需具备遵守道德的义务,并以此为最高准则。

禹在赞同了君主行"德治"的基本治理理念后问道:"那君主如何通过自己尊崇道德来实现这种德治的统治呢?"

皋陶答道:"君主自身行为要谨慎,要持之以恒地予以修身,进而将道德推及九族范围,使他们形成良好的伦常关系,再让越来越多的人受到道德教化,从而重用异姓的贤明之士辅助君主治理天下,由近及远地实现德治。"

---

① 《尚书·皋陶谟》。

② 《史记·夏本纪》。

正如喻中教授所指出的,“在这个过程中,君主就相当于政治共同体的发动机,他源源不断地输出德性的动力,首先润泽了他的九族,然后由近及远地泽被、遍及远方的庶众。这个过程,就仿佛一块石头投在水面上溅起的波澜,一圈又一圈地向外推延,只要波澜中心点输出的动力足够强大、足够持久,那么,它激起的波澜就会延伸至整个水面——整个水面就相当于整个天下。因此,问题的关键,就取决于处在发动机地位的君主是否能够输出足够强大的、持续不断的德性”。[①] 对于这种治理模式,禹表示极为赞同。

如果说上述内容还只是国家治理的原则性建议,那么接下来皋陶叙述的内容就更偏向于实现德治的具体化措施与实施要点。皋陶紧接着向禹提出了治国的两个重要方面——知人与安民。这里要注意的是,知人的“人”指的是人才,安民的“民”则是指民众;而君主知人是为了选出德才兼备的官员,其最终目的还是通过任用妥当的人才来实现民众的安定生活。因此,知人是治理的手段,安民才是其治理的目标。

禹听后表示要做到这两点很困难,即便是尧统治时也很难完全做到。禹说道:“只有智慧的人才能够做到知人善任,从而任命合适的官员;而通过这些合适官员的治理,实施惠及民众的德政,使大家安居乐业,享受到好处的民众才能把这种恩惠记在心中,从而拥护爱戴君主。如果君主真的能够做到既智慧地选用官员,又使百姓真正感受到恩惠,那又怎么会出现欢兜、三苗以及巧言令色的共工等危害社会的人呢?”

这里所说的欢兜、三苗、共工,加上禹的父亲鲧,被称为“四凶”,他们不仅没有很好地履行自己的职责,反而给社会秩序、民众生活带来了极大的危害。《史记·五帝本纪》对此有相关记载,内容如下:

---

① 喻中:《皋陶与中国法理学的萌生》,载《烟台大学学报(哲学社会科学版)》2021 年第 2 期。

尧曰："谁可顺此事?"放齐曰："嗣子丹朱开明。"尧曰："吁！顽凶，不用。"尧又曰："谁可者?"欢兜曰："共工旁聚布功，可用。"尧曰："共工善言，其用僻，似恭漫天，不可。"尧又曰："嗟，四岳，汤汤洪水滔天，浩浩怀山襄陵，下民其忧，有能使治者?"皆曰鲧可。尧曰："鲧负命毁族，不可。"岳曰："异哉，试不可用而已。"尧于是听岳用鲧。九岁，功用不成。

…………

欢兜进言共工，尧曰不可，而试之工师，共工果淫辟。四岳举鲧治鸿水，尧以为不可，岳彊请试之，试之而无功，故百姓不便。三苗在江淮、荆州数为乱。于是舜归而言于帝，请流共工于幽陵，以变北狄；放欢兜于崇山，以变南蛮；迁三苗于三危，以变西戎；殛鲧于羽山，以变东夷：四罪而天下咸服。①

这里描述的是尧在征求大臣的意见，想要选用合适的统治者。放齐推荐了尧的儿子丹朱；但尧指出他顽劣凶残，难堪大用。欢兜认为共工工作出色，作出了一定的成绩；尧却指出他巧言令色的本质。而在谈及治理水患的人选时，大家一致推选鲧来负责；尽管尧心存疑虑，但仍然听从了大家的建议，任命鲧来治水。

欢兜没有听从尧的意见，仍然任用共工担任工师，结果果然难以胜任。大家推荐鲧负责治水，结果鲧治理了 9 年都没有成效，使百姓流离失所。三苗则在江淮、荆州多次作乱。最终，为了恢复社会秩序、保障百姓生活，尧将共工、欢兜、三苗和鲧分别流放到不同的地方，从而重新使天下民众臣服，即"流共工于幽州，放欢兜于崇山，窜三苗于三危，殛鲧于羽山，四罪而天下咸服"②。

---

① 《史记·五帝本纪》。

② 《尚书·舜典》。

而禹会提到这件事,实际上是在暗示知人、安民在实践中有很大的难度,即便是尧在这方面也无法完全实现,同时想从皋陶处获得更为具体的建议。

于是,皋陶提出了将“九德”作为考察、任命官员的标准,从而实现知人的目的。而推荐一个人,说他具有德行,需要以其实践当中的具体行为为依据。所谓“九德”,是指君主与官员需要具备的九种德行,包括“宽而栗,柔而立,愿而恭,乱而敬,扰而毅,直而温,简而廉,刚而实,强而义”这九点,只要以此为标准,就能达到知人善任的效果。具体而言,地位越高、职责越大的人,所需具备的德行也越多:如果一个人在每天的生活中都能表现其中的“三德”,那么他可以担任卿大夫;如果一个人能积极履行其中的“六德”,他就可以担任诸侯,来协助君主处理政务;而君主自身需要具备“九德”,并将其美好的德行传播开来。按照“九德”标准衡量后具备德行的人才能够担任相应的职务,他们相互学习、效仿德行,就能够把国家治理好,使国家如同星辰的轨道般有序运转。

同时,皋陶提醒道:“具有德行的人一旦作为君主或被任命为官员,就必须兢兢业业、日理万机,而不能够贪图享乐,也不能碌碌无为,因为他们只不过是代替上天来进行治理。”既然他们是代行“天工”,君主和官员的职责自然是遵循天道来处理政务,从而实现社会治理。那么,这个“天道”的具体内容是什么呢?皋陶紧接着便予以进一步解释:“天叙有典,敕我五典五惇哉!天秩有礼,自我五礼有庸哉!同寅协恭和衷哉!天命有德,五服五章哉!天讨有罪,五刑五用哉!政事懋哉懋哉!”

由此可知,上天为各种人伦关系确立了理想的运行模式,即处理好君臣、父子、兄弟、夫妇、朋友之间五种伦理关系,称为“五典”。上天为了区别不同等第而针对天子、诸侯、大夫、士、庶民设置了不同的礼节。上天还根据有爵位者所具备的不同程度的德行而在服饰上有所区分,从而彰显其不同的德行;同时为了惩罚有罪的人,采用五刑来施以不同的刑罚。君臣则需要遵循上述天道的内容,勤勉地处理政务。

实际上,这里的"典""礼""服""刑"之间存在一定的逻辑关系。"五典"是天道的核心内容,即上天所设想的理想社会中人们相处的基本状态,孟子将其解释为"父子有亲,君臣有义,夫妇有别,长幼有序,朋友有信"①。而这种理想状态的实现需要依靠制度上的设计,即通过在社会中遵循"五礼"来实现社会秩序的和谐稳定。换言之,只要每个人明确了自己在社会中的角色,并按照相应的"礼"所规定的内容行为处事,就能保证社会长久保持某种稳定的状态。为了保障"典""礼"能够顺利施行,统治者需借助"德"与"刑"两种手段:既通过"五服"的设置积极宣扬德行,鼓励德行的推广,又以刑罚的手段对破坏社会秩序、有违德行的行为予以惩治。

那么,如何判断君主和官员是否依据上述"天道"执行政务呢?如何感知上天对他们的看法与评价呢?皋陶在这里指出,上天和民情之间是相通的,即上天是根据民众的所见所闻来作出判断和评价的,是依照民众的意见采取处罚措施的。因此,君主只有勤勉谨慎地履行自己的职责,尊重民意,才能保住既有的地位,这也和"安民"的目标相契合。

综上,皋陶的治国模式以德治为核心,强调君主以自己高尚的德行由近及远地影响周边的人。为了能够更好地贯彻德治方针,君主需要按照"九德"的标准选用官员,从而实现知人善任。君主和官员在具体执行政务时要遵循"天道",即为了实现"五典"的理想社会状态,适用尊卑有序的"五礼"制度,并将"五服"的德治与"五刑"的法治作为辅助手段,进而实现安民的目的,同时证明其执政符合"天道"。对于皋陶的上述治国方略,禹表示了赞同,认为按此治理国家一定能够取得成功。

---

① 《孟子·滕文公章句上》。

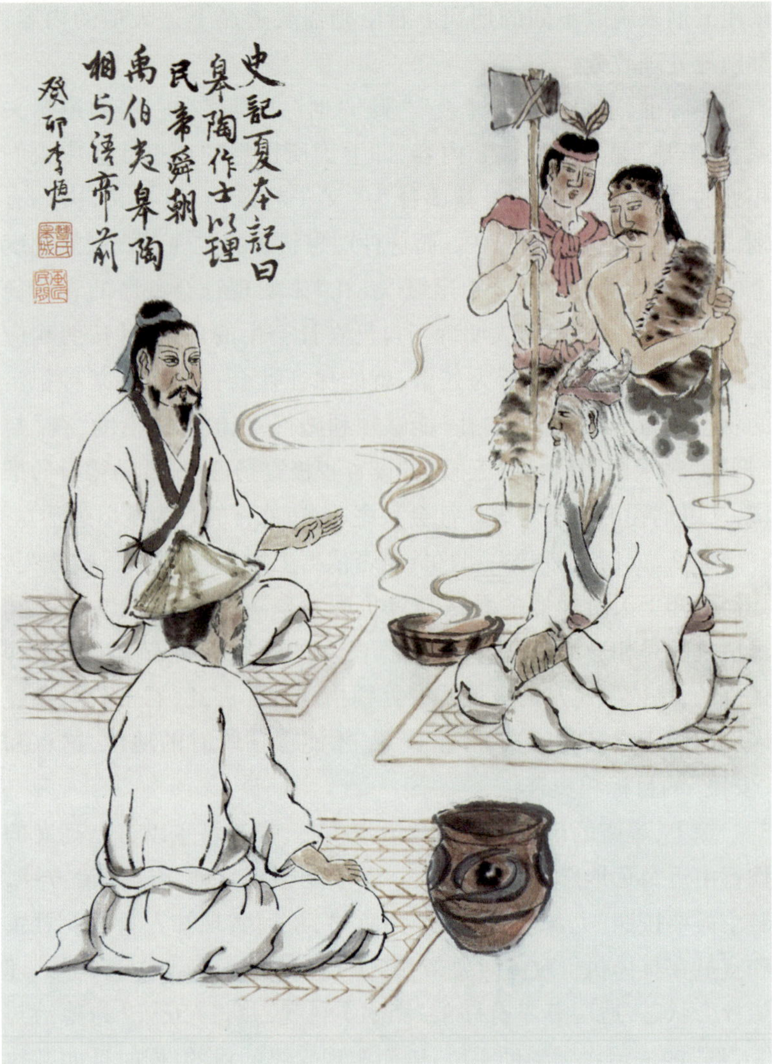

皋陶谟

（画面描绘的是皋陶和舜、禹的对话场景，即《皋陶谟》记叙会议的发生场景）

第二节　皋陶的法治思想

皋陶的法治思想十分丰富,大致可以归纳为三个方面。其一,针对司法本身,皋陶主张司法的公正性,并强调刑罚适用的审慎性。其二,在德与法的关系方面,皋陶提出德法结合、明刑弼教的观点,并主张官员本身需要以道德标准律己修身。其三,皋陶通过阐释天人关系,较早地提出了民本思想。

一、秉公持正,审慎刑罚

作为中国传统社会中法官的鼻祖,皋陶在司法活动中自然追求公正执法。舜在任命皋陶为“士”的时候,就要求他在审理案件时一定要明察案情、裁决公允,按照规定妥善地执行刑罚:“帝曰:‘……汝作士,五刑有服,五服三就。五流有宅,五宅三居。惟明克允!’”①皋陶也确实履行了司法官员的职责,保证案件得到公正裁决,即“皋陶为大理,平,民各伏得其实”②。《史记正义》对其的注解为:“皋陶作士,正平天下之罪恶也。”

这种公正执法、维护司法公正的精神为后世人们所认知,得以继续传承。《尚书·吕刑》中,周穆王在总结历史经验时指出,“皇帝清问下民鳏寡有辞于苗。德威惟畏,德明惟明。乃命三后,恤功于民。伯夷降典,折民惟刑;禹平水土,主名山川;稷降播种,家殖嘉谷。三后成功,惟殷于民。士制百姓于刑之中,以教祗德。穆穆在上,明明在下,灼于四方,罔不惟德之勤,故乃明于刑之中,率乂于民棐彝。典狱非讫于威,惟讫于富。敬忌,罔有择言在身。惟克

① 《尚书·舜典》。

② 《史记·五帝本纪》。

天德,自作元命,配享在下"①。

按照他的说法,当时苗民作乱,尧帝得知百姓的疾苦,便任命伯夷、禹、稷三位大臣为百姓服务,其中禹负责治水,稷负责教百姓种地,伯夷则通过制定礼法、刑罚来维护社会秩序,从而造福于民。与此同时,"士"一方面通过适用法律来制约百姓的不法行为,另一方面对百姓进行道德教化。君主和大臣都能勤勉地推行德政,用刑公正得当,民众也自愿服从于这种统治。

随即,周穆王接连向四方诸侯们反问道:"……非尔惟作天牧?今尔何监?非时伯夷播刑之迪?其今尔何惩?"②其大意为:难道你们不是在替上天治理臣民吗?你们治理所依凭的是什么呢?难道不是伯夷那时候制定的规则与制度吗?你们在适用规则、治理百姓时又要以谁为戒呢?通过这一描写可知,周代仍然传承了尧舜时期所形成的礼法规则与司法精神。那么,其传承的这种司法精神的核心究竟是什么呢?从下面一段对于司法活动的要求中可以看出,保证司法公正恰恰是其要义:

> 王曰:"……上下比罪,无僭乱辞,勿用不行,惟察惟法,其审克之!上刑适轻,下服;下刑适重,上服。轻重诸罚有权。刑罚世轻世重,惟齐非齐,有伦有要。罚惩非死,人极于病。非佞折狱,惟良折狱,罔非在中。察辞于差,非从惟从。哀敬折狱,明启刑书胥占,咸庶中正。其刑其罚,其审克之。狱成而孚,输而孚。其刑上备,有并两刑。"③

具体而言,在司法审判过程中,官员应当根据罪犯的罪行轻重施以相应的刑罚,不能使供词有所差错,也不能适用已经废止的法

① 《尚书·吕刑》。
② 《尚书·吕刑》。
③ 《尚书·吕刑》。

律规范;而是应该仔细核查案情,并依法定罪量刑。如果按照重罪处置过重,就按轻罪处罚;如果按照轻罪处置过轻,就按重罪处罚。总之,刑罚的轻重要根据当时的社会情形灵活变通,也要根据不同的身份关系予以调整,但都必须有充足的理由和相应的法律依据。刑罚的目的不是刑杀,而是对人予以惩戒,使人们对犯罪产生痛恨和厌恶。派人负责司法审判活动,不要任用奸佞之人;而要选用贤良之人,从而保证公正的判决。从供词中找到矛盾之处,使那些原本不服的人也心悦诚服。在断案时,官员要怀有怜悯之心,严格按照所记载的法律规定定罪量刑,保证所有判决都是公正的。罪犯所犯罪状和应受刑罚都要仔细核对,以便无论判决是否变动,人们都能够信服。适用刑罚贵在审慎;如果有身犯两罪的情形,则将轻罪并入重罪,只按一罪处罚。

从上述内容不难看出,无论是强调确认供词的准确性,还是要求准确适用法律规范,抑或是注重刑罚的灵活适用,甚至是官员的选用,均体现了统治者对司法结果公正性的追求。这与皋陶作士时民得其生、惩治罪恶的司法精神一脉相承。

当然,文中并没有直接说明这种对于司法公正的精神追求源自皋陶,而是将主角认定为伯夷。根据前文所引《史记·五帝本纪》中的记载,伯夷与皋陶同为尧帝时期的大臣,辅佐尧帝处理政务,但并没有明确的职务区分。而至舜时,皋陶被任命为负责司法事务的士,伯夷被任命为秩宗,《尚书·舜典》中有如下记载:

> 帝曰:"咨!四岳,有能典朕三礼?"
>
> 佥曰:"伯夷!"
>
> 帝曰:"俞,咨!伯,汝作秩宗。夙夜惟寅,直哉惟清。"

通过舜授予伯夷职务时的对话可知,其主要职责是负责制定礼仪、管理祭祀;而结合《尚书·吕刑》中的内容可以推测,伯夷很有可能参与了国家制度的构建,甚至参与了法律规则与刑罚制度的设置。但是制度的执行还是需要依靠“士”即司法官员的主导,从而在具体处理案件、运用法律规范的过程中实现司法公正。因此,作为“士”的皋陶才应当是上述司法公正精神的直接践行者,也成为后世维护司法公正的典范。

除了通过自己的司法实践表明司法公正的重要性,皋陶还明确提出了慎刑的观点。如《尚书·大禹谟》中,皋陶在回应舜帝对其评价时说道:“帝德罔愆,临下以简,御众以宽;罚弗及嗣,赏延于世。宥过无大,刑故无小;罪疑惟轻,功疑惟重;与其杀不辜,宁失不经;好生之德,洽于民心,兹用不犯于有司。”①

此处皋陶首先赞美了舜帝品德高尚,以简明的要求管理下属,以宽大的制度治理民众,继而指出当时司法实践中慎刑的特征。其一,“罚弗及嗣,赏延于世”,指的是在奖赏的时候推及当事人的后代,但在处罚时不予以株连。其二,“宥过无大,刑故无小”,是指司法审判中区分故意与过失,对于过失犯罪,无论罪名多大都可以宽宥;而如果是故意犯罪,即便过错再小也要予以处罚。其三,“罪疑惟轻,功疑惟重”,表明定罪量刑时如果存有疑问就从轻发落,而论功行赏时若有疑问则要从重奖赏。其四,“与其杀不辜,宁失不经”,即遇到疑难案件时,官员宁可不按照通常的法律规定审理案件,也不能错杀无辜。

实际上,皋陶的这种慎刑思想自尧舜时期就已经出现,其是在既有观念的基础上予以进一步丰富和完善的。《尚书·舜典》中便有这样的描述:“象以典刑,流宥五刑,鞭作官刑,扑作教刑,金作赎刑。眚灾肆赦,怙终贼刑。钦哉,钦哉,惟刑之恤哉!”②由此可知,舜帝时期制定了象刑、流刑、官刑、教刑、赎刑,并明确了过失犯罪

① 《尚书·大禹谟》。
② 《尚书·舜典》。

者可以赦免，屡教不改者施以刑罚的原则。舜在最后还反复提醒道："适用刑罚千万要慎重啊！"

这里需要指出的是，对于"象以典刑，流宥五刑，鞭作官刑，扑作教刑，金作赎刑"一句，学界理解有所分歧，对象刑的含义更是莫衷一是。[①] 笔者试对"象刑"的含义予以梳理，进而对该句提出自己的解释。

关于"象刑"含义的争论主要存在两种观点。第一种观点认为，"象刑"是指象征性的刑罚，即让罪犯穿着与众人不同的衣冠服饰以示羞耻，从而代替原本的五刑。《慎子·逸文》中对此有如下表述："有虞之诛，以幪巾当墨，以草缨当劓，以菲履当刖，以艾鞸当宫，布衣无领当大辟，此有虞之诛也。斩人肢体，凿其肌肤，谓之刑；画衣冠，异章服，谓之戮。上世用戮，而民不犯也；当世用刑，而民不从。"[②]《历代刑法考》中引《尚书大传》也有类似的描述："唐虞之象刑，上刑赭衣不纯，中刑杂屦，下刑墨幪，以居州里，而民耻之。"[③]第二种观点则将"象刑"之"象"解释为刻画、描绘之意，指出象刑是通过把要执行的刑罚刻画在器物之上，从而公之于众，产生威慑作用的行为。如朱熹所说："象以典刑，画象而示民，以墨、劓、剕、宫、大辟五等肉刑之常法也。"[④]

对于第二种观点，有学者提出了疑问，比较具有代表性的观点

---

① 相关研究可参见蒋集耀：《象刑考辩》，载《法学》1982 年第 9 期；李衡梅：《"象刑"辨——兼与唐兰、程武同志商榷》，载《社会科学战线》1985 年第 1 期；王小健：《论象刑》，载《吉林大学社会科学学报》1998 年第 1 期；王小健：《象刑与五刑》，载《大连大学学报》1999 年第 5 期；张海峰：《"象刑"辨疑》，载《西南政法大学学报》2010 年第 3 期；吴春雷、司马守卫：《中国古代象刑探析》，载《大连大学学报》2015 年第 5 期；何晖：《"象刑"辨析》，载《华北电力大学学报（社会科学版）》2018 年第 4 期。

② 《慎子·逸文》。

③ （清）沈家本撰：《历代刑法考》，邓经元、骈宇骞点校，中华书局 1985 年版，第 5 页。

④ 《晦庵集》卷六七。

是，结合前后语句，象刑应当与流刑、官刑、教刑、赎刑相匹配，同为一种刑罚，若将其解释为公布刑罚的行为，则显得较为突兀，破坏了语言的连贯性。“显然，每一句话讲的都是一种刑罚方式，一气呵成。如果单单把‘象以典刑’理解成公布刑罚，其他四句讲的却是刑罚方式，这不但与文法有乖，句意也不连贯了。”①实际上，“象刑”一词在《尚书·益稷》中还出现过：“皋陶方祗厥叙，方施象刑，惟明。”②显然，此处的“象刑”应该指具体的刑罚，即皋陶一边宣扬禹的德行，让人们服从禹的领导，一边实施象刑来管教民众。如果前后两处象刑的含义是一致的，那么“象以典刑”一句应当理解为“将象刑作为通常的刑罚”，而“象刑”便可被认定为象征性的羞辱刑。

然而，仍然有人不同意将“象刑”理解为象征性的刑罚，其最主要的依据则是荀子对象刑的评述。《荀子》中有如下内容，被认为反映荀子反对将象刑理解为象征性刑罚：

> 世俗之为说者曰：“治古无肉刑，而有象刑：墨黥，慅婴，共、艾毕，剕、枲屦，杀、赭衣而不纯。治古如是。”是不然。
>
> 以为治邪？则人固莫触罪，非独不用肉刑，亦不用象刑矣。以为人或触罪矣，而直轻其刑，然则是杀人者不死，伤人者不刑也。罪至重而刑至轻，庸人不知恶矣，乱莫大焉。凡刑人之本，禁暴恶恶，且惩其未也。杀人者不死，而伤人者不刑，是谓惠暴而宽贼也，非恶恶也。故象刑殆非生于治古，并起于乱今也。
>
> 治古不然。凡爵列、官职、赏庆、刑罚，皆报也，以类

---

① 李衡梅：《“象刑”辨——兼与唐兰、程武同志商榷》，载《社会科学战线》1985年第1期。

② 《尚书·益稷》。

相从者也。一物失称，乱之端也。夫德不称位，能不称官，赏不当功，罚不当罪，不祥莫大焉。昔者武王伐有商，诛纣，断其首，县之赤旆。夫征暴诛悍，治之盛也。杀人者死，伤人者刑，是百王之所同也，未有知其所由来者也。

刑称罪，则治；不称罪，则乱。故治则刑重，乱则刑轻，犯治之罪固重，犯乱之罪固轻也。书曰："刑罚世轻世重。"此之谓也。①

仔细研读上述内容后可以发现，荀子这里要否定的并非象刑本身，而是借象刑来提出他强调重刑的观点。荀子首先提出了一种世俗的说法，即认为上古时期的统治中没有肉刑，只有象刑，进而他直接予以否定。但要注意的是，荀子并未否定象刑本身，只是否定上古时期不存在肉刑而只以象刑为统治手段的这一说法。为了论证其观点，荀子进行了逻辑推论。他指出，如果上古时期的人都不犯罪，自然用不到肉刑，也用不到象刑；而如果当时存在犯罪却仅仅施以象刑，从而减轻其刑罚，那么就会出现罪刑不相适应的情况，即罪行明明很重却处罚极轻，从而使人们不能区分善恶，导致社会陷入混乱。因为刑罚的目的是阻止暴行、反对作恶，并起到防患于未然的作用；如果杀人者不被处死、伤人者不受到应有的处罚，而仅仅处以象刑，那么反而会纵容犯罪。至此，荀子的论证确实颇有说服力，仅有象刑而无肉刑的社会的确难以想象，也必然会发生罪犯有恃无恐、社会混乱不堪的局面。然而，荀子紧接着推导出的这一结论却不符合逻辑："故象刑殆非生于治古，并起于乱今也。"此处最大的逻辑错误是，即使"上古只有象刑，没有肉刑"这一命题为假，也不能证明"上古没有象刑，只有肉刑"这一命题为真。换言之，从逻辑上说，将前一命题认定为假也无法说明其他情况为

① 《荀子·正论》。

真，只是排除了一种可能性而已。至于其他几种可能性，如“上古既无象刑，也无肉刑”“上古既有肉刑，又有象刑”以及这里提出的“上古只有肉刑，没有象刑”等几种情形，则需要进一步予以论证。

从后文中荀子的阐述可以得知，其所想要重点指出的是“治理国家必须赏罚相当、适用刑罚必须罪刑相适应”的观点。当然，这个观点本身是值得肯定的。但荀子在最后又犯了一个逻辑错误：他在指出罪行和刑罚相当，社会才能治理好，否则会导致社会混乱这个观点后，却得出了“故治则刑重，乱则刑轻，犯治之罪固重，犯乱之罪固轻也”的结论。显然，这两者之间并没有因果关系，罪刑相适应的社会当中自然需要肉刑这样的重刑来保证重罪时拥有相匹配的刑罚；但这并不意味着社会之所以能得到有效治理就是因为适用重刑，社会之所以混乱就是因为刑罚过轻。实际上，社会的治理状况与其到底适用的是重刑还是轻刑并无关联，关键在于保证轻重罪行都有相匹配的刑罚。因此，荀子的上述论证并不能否认象刑作为象征性刑罚在上古时期的存在。沈家本在《历代刑法考》中也指出荀子的此种观点并不可靠：“《荀子》独谓象刑非生于治古，起于乱今，盖其立言之意以轻刑为非，故訾象刑为俗说……窃谓古义相传，究不可废，荀子盖习见七国民伪浇漓，谓非重刑不可，而未思上古敦庞之世，固不可同年而语也。”①

综上，相较于公布刑罚的含义，通过穿着不同服饰让人感到羞耻的象征性刑罚更符合“象刑”的含义。而结合上下文语境可以推测，基于恤刑的观念，舜帝时期除了既有的墨、劓、剕、宫、大辟五刑之外，还创制了象刑、流刑、官刑、教刑、赎刑。其中象刑作为管教百姓的普通刑罚，流刑则分为五等，官员有过错以鞭子责打，学生犯错了就打板子，某些情形下还可以用铜来赎罪。相对于不可恢

① （清）沈家本撰：《历代刑法考》，邓经元、骈宇骞点校，中华书局1985年版，第6页。

复的肉刑与死刑，这些刑罚明显较轻，可以在涉及过失、疑难、情有可原等应当减轻刑罚的情形下适用，从而实现恤刑的目的。皋陶的审慎刑罚思想恰恰与其一脉相承，并得到了进一步的明确和发展。

二、崇德尚法，律己修身

虽然皋陶强调司法活动要公正、刑罚适用要审慎，但他并非主张国家治理仅仅依靠法与刑，而是提出德法结合的观点。前文所引《尚书·皋陶谟》中皋陶对禹提出的治国总方针便是德治，即“允迪厥德，谟明弼谐”。为了实现理想状态下人们相处的和谐、社会的稳定，贯彻“五典”的基本精神，统治者需要创设“五礼”，即社会各个阶层、不同角色的人们需要遵循的基本行为准则与规范；而为了保障“典”“礼”能够得到顺利施行，统治者需结合“德”与“刑”两种手段。

相关论述还可见诸《尚书·大禹谟》，具体内容如下：

> 帝曰：“格，汝禹！朕宅帝位三十有三载，耄期倦于勤。汝惟不怠，总朕师。”
>
> 禹曰：“朕德罔克，民不依。皋陶迈种德，德乃降，黎民怀之。帝念哉！念兹在兹，释兹在兹，名言兹在兹，允出兹在兹，惟帝念功。”
>
> 帝曰：“皋陶，惟兹臣庶，罔或干予正。汝作士，明于五刑，以弼五教。期于予治，刑期于无刑，民协于中，时乃功，懋哉。”①

此处记载的是舜帝让位于禹时的情景。舜对禹说：“禹啊，由你来继任。我已经在位 33 年了，现在年纪大了，感到疲惫而无法勤于政务。而你可不能懈怠，需要由你来统率臣民了。”禹表现出

① 《尚书·大禹谟》。

了谦逊的态度，对舜说道："我目前德薄能鲜，民众不会服从我。皋陶勉力施行德政，使百姓得到道德教化，因而都对他心悦诚服，他一直在推行德政，您应当考虑由他来继任。"舜听后也对皋陶予以赞美："之所以臣民都服从于我的政令，是因为皋陶在士的职位上通过运用五刑来帮助教化民众，形成良好的人伦关系，从而符合德治的要求。通过适用刑罚最终达到刑措不用的效果，使百姓归于正道，这便是你皋陶的功劳，值得嘉勉。"这里的"明于五刑，以弼五教"指的便是皋陶德法并用、明刑弼教的基本思想。

有关皋陶通过保证司法公正、妥善适用刑罚来实现国家治理的内容前文已有分析，在此不再赘述。本部分主要针对皋陶有关"德"的观点进行阐述。

前文在介绍皋陶治国模式时曾经引用《尚书·皋陶谟》的相关内容，其中在谈及如何实现"知人"问题时，皋陶提出了"九德"的标准：

> 皋陶曰："都！亦行有九德。亦言，其人有德，乃言曰，载采采。"禹曰："何？"
>
> 皋陶曰："宽而栗，柔而立，愿而恭，乱而敬，扰而毅，直而温，简而廉，刚而实，强而义。彰厥有常，吉哉！日宣三德，夙夜浚明有家；日严祗敬六德，亮采有邦。翕受敷施，九德咸事，俊乂在官。百僚师师，百工惟时，抚于五辰，庶绩其凝……"①

皋陶所指的九德包括"宽而栗，柔而立，愿而恭，乱而敬，扰而毅，直而温，简而廉，刚而实，强而义"这九项，他主张以此为标准对官员进行考察，只有具备上述德行之人才能被授予相应官职。有学者对"九德"进行了深入的分析，指出皋陶不仅强调为官者需要

① 《尚书·皋陶谟》。

具备相应的德行,还对每种品德加以限制,从而避免一味强调某种品德所导致的弊病,保证其能够切实履行治理百姓、推行德政的职责。[①] 换言之,这九项标准之中,“而”字前面的九个字是对官员自身应当具有品德的要求,“而”字后面的则是对相应品德的进一步修正。“比如说‘宽而栗’,确切的意思就是说,以‘宽’为品质或禀赋的人,在具体处理政务或者事务时,常常以宽大为主。但过度的宽大容易导致没有主张和原则,对秩序构成冲击,所以统治者在考察‘宽’这种品质时,所要考察的主要着眼于检验其是否能够明辨秩序,坚持原则。只有具备‘宽’品质,并且能做到宽而能有礼,不失秩序,这才能构成一德。”[②]

按照上述解释,我们能够较为容易地理解“九德”之具体含义。“宽而栗”是指为人宽容但要有底线,能够明辨是非。“柔而立”是指性情要柔和,但不能够优柔寡断、没有主见。“愿而恭”在《史记·夏本纪》中写作“愿而共”[③],“愿”为谨慎老实之意,“恭”与“共”相通,可作“恭谨”之意,但这样显然与“愿”语义重复。有学者指出,此处“恭”应作“共”,而“共”又可借作“供”,有供职之意,继而将该句解释为:“谨愿的人谨愿过了火便不能办事,不能管理。愿而能共才是完满的,即既谨愿忠厚又能办事,善于管理。谨厚过分变成呆子以至于不会办事,这等于废材,不可用。”[④]笔者对此有不同观点,“恭”在此处似可解释为“使人对其恭敬”,故而“愿而共”可以解释为做人要老实,但不能老实过头而被人利用、被人欺负,而应使民众对其保持恭敬之心。“乱而敬”是指此人需有治乱的能力,

---

① 参见金景芳、吕绍纲:《〈皋陶谟〉新解》,载《社会科学辑刊》1993 年第 5 期;白立超:《〈大禹谟〉、〈皋陶谟〉经解——大禹之功与皋陶之谟的内容、争论及其延续》,载《原道》2013 年第 1 期。

② 白立超:《〈大禹谟〉、〈皋陶谟〉经解——大禹之功与皋陶之谟的内容、争论及其延续》,载《原道》2013 年第 1 期。

③ 《史记·夏本纪》。

④ 金景芳、吕绍纲:《〈皋陶谟〉新解》,载《社会科学辑刊》1993 年第 5 期。

即善于管理,具有领导力;但要保持谦虚谨慎的态度,戒骄戒躁,避免自视甚高,刚愎自用。“扰而毅”指对上要驯顺,服从上级的命令;但遇事也不能一味等待指令,惟上是从,而需要果断决策。“直而温”是指做人需要正直坦率,能够主动指出对方的过错,修正别人的不足;但也要学会一定程度的包容,不能过于苛刻。“简而廉”是指为政要宽简,但也要遵守基本的礼法规范,不能突破底线。“刚而实”是指不能外强中干,而应名实相符。“强而义”则是指不能恃强凌弱,而要保有良善之心。

在明确了将“九德”作为“知人”的标准后,皋陶还指出在考察官员时不光要听其言,还要观其行,即必须有具体的行为来证明其德行:“都!亦行有九德。亦言,其人有德,乃言曰,载采采。”[①]实际上,早在尧帝时期就已经存在类似的考察活动,最为典型的就是尧对舜的考察,《尚书·尧典》中对此有如下记载。

> 帝曰:“咨!四岳。朕在位七十载,汝能庸命,巽朕位?”岳曰:“否德忝帝位。”曰:“明明扬侧陋。”师锡帝曰:“有鳏在下,曰虞舜。”帝曰:“俞予闻,如何?”岳曰:“瞽子,父顽,母嚚,象傲,克谐以孝,烝烝乂,不格奸。”帝曰:“我其试哉!女于时,观厥刑于二女。”厘降二女于妫汭,嫔于虞。帝曰:“钦哉!”
>
> 慎徽五典,五典克从。纳于百揆,百揆时叙。宾于四门,四门穆穆。纳于大麓,烈风雷雨弗迷。帝曰:“格!汝舜。询事考言,乃言厎可绩,三载。汝陟帝位。”舜让于德,弗嗣。[②]

由此可知,当时尧帝已经在位七十年,希望找到合适的继位

---

① 《尚书·皋陶谟》。

② 《尚书·尧典》。

者。大家都推荐舜,因为他德行高尚,即便父亲心术不正、继母不明事理、弟弟态度傲慢,舜仍然能与他们和谐相处。于是尧对舜进行了 3 年的考察,最终确认了舜的德行,让他继承了王位。《史记》中的相关记录更为详细:

> 舜父瞽叟盲,而舜母死,瞽叟更娶妻而生象,象傲。瞽叟爱后妻子,常欲杀舜,舜避逃;及有小过,则受罪。舜事父及后母与弟,日以笃谨,匪有解。
>
> 舜,冀州之人也。舜耕历山,渔雷泽,陶河滨,作什器于寿丘,就时于负夏。舜父瞽叟顽,母嚚,弟象傲,皆欲杀舜。舜顺适不失子道,兄弟孝慈。欲杀,不可得;即求,尝在侧。
>
> 舜年二十以孝闻。三十而帝尧问可用者,四岳咸荐虞舜,曰可。于是尧乃以二女妻舜以观其内,使九男与处以观其外。舜居妫汭,内行弥谨。尧二女不敢以贵骄事舜亲戚,甚有妇道。尧九男皆益笃。舜耕历山,历山之人皆让畔;渔雷泽,雷泽上人皆让居;陶河滨,河滨器皆不苦窳。一年而所居成聚,二年成邑,三年成都。尧乃赐舜絺衣,与琴,为筑仓廪,予牛羊。瞽叟尚复欲杀之,使舜上涂廪,瞽叟从下纵火焚廪。舜乃以两笠自扞而下,去,得不死。后瞽叟又使舜穿井,舜穿井为匿空旁出。舜既入深,瞽叟与象共下土实井,舜从匿空出,去。瞽叟、象喜,以舜为已死。象曰:"本谋者象。"象与其父母分,于是曰:"舜妻尧二女,与琴,象取之。牛羊仓廪予父母。"象乃止舜宫居,鼓其琴。舜往见之。象鄂不怿,曰:"我思舜正郁陶!"舜曰:"然,尔其庶矣!"舜复事瞽叟爱弟弥谨。于是尧乃

试舜五典百官，皆治。①

这里记载的故事提到，舜的父亲瞽叟是个盲人；舜的生母死后，瞽叟又续弦娶妻，所生的儿子叫象。象桀骜不驯，父亲瞽叟却非常喜欢他而不喜欢舜，甚至常常想要除掉舜；而舜遇到这种情形只是逃避。舜有小过错时，父亲对他施以严厉的处罚；但舜仍然一如既往，恭顺地侍奉父亲、继母并友爱弟弟，没有丝毫懈怠。

舜因为孝顺而被众人知晓，在他 30 岁的时候被推荐给了尧帝。尧为了考验舜，把两个女儿嫁给了舜，让女儿观察舜在家中的表现，又让九个儿子和他共事，观察他在外的行为，从而确认其德行。果然，舜在家中做事恭谨，持家有方，尧的两个女儿也遵循妇道，不会因为出身高贵而傲慢地对待舜的亲属，尧的九个儿子也在舜的影响下日渐忠厚。舜的工作能力也很突出：他在历山耕田时，当地受其教化，民风淳朴，人们能够互相谦让田界而不争；他在雷泽捕鱼时，当地民众也纷纷谦让便于捕鱼的位置；他在黄河边制作陶器，那里就不会出现质量不合格的产品。他所居住的地方，1 年就成为了村落，2 年形成了城镇规模，3 年便变成了大都市。为了表彰舜，尧赏给舜一套细葛布衣服和一张琴，还为他建造仓库，并赐给他牛羊。

而舜的父亲瞽叟此时还是想要杀死他，于是故意让舜去修补谷仓，并乘机放火，想要烧死舜。舜借助两个斗笠从谷仓上跳下来才逃过一劫。瞽叟一计不成，又生一计，让舜去挖井，等到他挖至深处，瞽叟和象一起往下倒土，试图将舜活埋。幸亏舜在挖井时提前凿出一条通道，这才逃生。此时，瞽叟和象以为舜已经死了，便开始瓜分舜的财产；象提出自己将舜的妻子和尧赏赐的琴据为己有，把牛羊和谷仓分给父母。当舜安然无恙地回到家中时，他的弟

---

① 《史记·五帝本纪》。

弟象满脸惊愕之色，但还是假装十分关心的样子，对舜说："我正在想念你呢，让我想得好苦啊！"舜对其表示了感谢，仍像原先一样继续侍奉父母，友爱弟弟。在经历了上述考验之后，尧才正式任命舜去管理百官，于是天下得到大治。

此种考核并非个例。舜在任命官员职位之后，要求他们必须切实履行自己的职责，并对他们进行考察："三载考绩，三考，黜陟幽明……"①

综上，皋陶强调"知人"是为了选择恰当的官员治理百姓，而"知人"的关键在于官员本身必须具备高尚的德行；因此他提出了"九德"的选拔标准，而是否具备相应的德行是需要进一步证明和考察的。只有符合德行要求的官员协助君主推行德政，一边对民众施以道德教化，一边以法律维护社会秩序，德法并用，明刑弼教，才能真正实现其所设想的理想社会。

三、民为邦本，重在安民

前文在描述皋陶的治国方略时曾经指出，皋陶向禹提出两个重要内容，即知人与安民。知人是治理的手段，安民才是其治理的目标。换言之，君主之所以要选出德才兼备的官员协助其治理天下，就是因为要通过任用妥当的人才来实现民众的安定生活；这便是皋陶民本思想的直接体现。

当然，皋陶"以民为本"思想的表达并不仅仅有"安民"二字，而是进行了一定的系统论证的。其首先确立了"天"所具有的至高无上的地位，阐释了基本的天人关系；继而通过关联天意与民意，来说明安民的重要性。

皋陶对"天"的阐述主要记载于《尚书·皋陶谟》中："……无教逸欲，有邦兢兢业业，一日二日万几。无旷庶官，天工，人其代

① 《尚书·舜典》。

之。天叙有典,敕我五典五惇哉！天秩有礼,自我五礼有庸哉！同寅协恭和衷哉！天命有德,五服五章哉！天讨有罪,五刑五用哉！政事懋哉懋哉!”①

正如前文所指出的,皋陶认为上天已经确立了基本的行为准则与运行规律,而人类社会所设置的制度无非是上天意志的映射而已,包括“五典”“五礼”“五服”“五刑”;而君臣的职责也不过就是遵循这些基本的天道,代替上天来治理社会、服务民众。根据《尚书》的记载,上古时期谈及“天”时,都存在类似的表述,如“钦若昊天”“惟时亮天功”“徯志以昭受上帝,天其申命用休”“敕天之命,惟时惟几”等。从上述对“天”的阐述中可以看出,当时的“天”具有两个基本特征;而正是基于这两个基本特征,中国传统社会中较早地产生了“以人为本”的民本思想。

其一,“天”具有形象的非人格性。从既有的描述来看,“天”本身并不存在具体的形象,仿佛以一种无形的状态存在于人类社会之上。且“天”并不刻意地直接指导民众,不存在直接向人们发号施令的情形;而是需要人们去感知其所蕴含的基本规律,从而以此为治理人类社会的准则。这种非人格性使“天”和“人”之间处于相对疏离的状态,彼此存在一定的空间;这就避免了出现对人格神盲目崇拜、以身事神的现象,从而为人们充分发挥自身主观能动性,以人为目的之民本思想的产生提供了一定的可能性。

其二,“天”具有地位的崇高性。对于上天所蕴含的基本规则,即便是统治者也需要遵守,因为他们本身就是代替“天”来传达天道的,自然需要恭行天命。《尚书》中的相关内容也都在描述统治者反复强调要对上天恭敬,要按照上天所赋予的使命谨慎履行职责;这实际上表明统治者的行为受到了某种无形的限制,使其不敢随意违背天道。基于“天”这种至高无上的地位,统治者与民众在

① 《尚书·皋陶谟》。

“天”的面前则形成了相对平等的地位,即他们应当同为天道的践行者与维护者,从而为“民本”思想的生发开辟了道路。那么,如何通过天人关系体现民本思想呢?皋陶继而指出:“天聪明,自我民聪明。天明畏,自我民明威。达于上下,敬哉有土!”[①]由此可知,上天和民众之间虽然疏离,但可以相互沟通:上天根据民众的所见所闻来作出判断和评价,按照民众的意见采取赏罚措施。通过这种描述,天意与民意被紧密地结合在一起,与“安民”的宗旨相契合;同时由于“天”地位的崇高性,所以民众也被置于极其重要的位置,进而形成了以人为本的“民本”思想。

《尚书》中提及民众时都能体现这种民本思想。如禹向舜帝汇报其治理方略时指出:“洪水滔天,浩浩怀山襄陵,下民昏垫。予乘四载,随山刊木,暨益奏庶鲜食。予决九川,距四海,浚畎浍距川;暨稷播,奏庶艰食鲜食。懋迁有无,化居。烝民乃粒,万邦作乂。”[②]当时人们受到水患的影响,无法正常生活;于是禹就砍伐树木开辟道路,并和伯益一起把打猎得来的新鲜野味分给百姓。进而,禹带领人民疏通河流,让河水流入大海;并疏浚田间沟渠,将水引入河流,以免再次发生水涝。与此同时,禹和后稷一起教人们播种谷物蔬菜,发展贸易。最终,人们的生活得以安定下来,各个诸侯国也得到了妥善的治理。由此可见,禹当时主张保障民众的基本生活,而皋陶在听完禹的叙述后对此表示了赞同。

《尚书·大禹谟》中也有类似的阐述,同样反映鲜明的民本思想,如下面这段对话:

> 帝曰:“俞!允若兹,嘉言罔攸伏,野无遗贤,万邦咸宁。稽于众,舍己从人,不虐无告,不废困穷,惟帝时克。”
>
> 益曰:“都,帝德广运,乃圣乃神,乃武乃文。皇天眷

① 《尚书·皋陶谟》。

② 《尚书·益稷》。

命，奄有四海为天下君。”

禹曰：“惠迪吉，从逆凶，惟影响。”

益曰：“吁！戒哉！儆戒无虞，罔失法度。罔游于逸，罔淫于乐。任贤勿贰，去邪勿疑。疑谋勿成，百志惟熙。罔违道以干百姓之誉，罔咈百姓以从己之欲。无怠无荒，四夷来王。”

禹曰：“於！帝念哉！德惟善政，政在养民。水、火、金、木、土、谷，惟修；正德、利用、厚生、惟和。九功惟叙，九叙惟歌。戒之用休，董之用威，劝之以九歌俾勿坏。”①

在这段对话中，舜帝谦虚地说道：“善言无所隐伏，贤人无所遗漏，天下就会安宁。统治者凡事都征求民众的意见，而舍弃自己的一己之见，从善如流，妥善对待孤苦与穷苦之人，这大概只有尧帝才能做到。”伯益听后也赞美尧帝；禹则指出统治的关键在于顺应天道。伯益赞同这一说法，补充道：“君主要谨言慎行，不要放弃法度，不要骄奢淫逸，不要放任安乐。君主在任用贤人时不要怀疑，罢黜小人时也不要犹豫。做事要深谋远虑，不要违背天道而求取百姓的赞誉，也不要违背百姓的意愿而满足自己的私欲。只有这样不懈怠荒废，才能使四方来贺，百姓臣服。”禹紧接着也指出“德惟善政，政在养民”，即良好的统治在于推行德政，而施行德政的目的在于养民。上述内容均与皋陶所提出的“安民”目标相一致，是民本思想的体现。

① 《尚书·大禹谟》。

画地为牢

(图的内容为:一泼皮在集市上滋事,皋陶让獬豸以蹄在地上画圈,对泼皮说:“这是你的监狱,你在这里面三天内不准出去。”泼皮早就听说皋陶的威名,立即认罪服法)

第四章

源远流长：皋陶法治思想在后世的影响与传承

皋陶的法治思想在后世得到了继承与发展。本章主要从防止司法错案、审慎适用刑罚、天人关系构建、以民为本思想、明刑弼教治民、立德修身为官这六个方面进行阐述。

第一节　勿枉勿纵，有错必究

作为法官的鼻祖，皋陶一直以公正无私的形象出现在历史记载中，而这种追求司法公正的精神在中国传统社会中也一直得以传承。为了保证案件能够得到正确的审理，以实现“勿枉勿纵”之目的，中国历朝历代都设置了相应的制度予以保障，最具代表性的则是以错案责任制度为代表的官员司法责任规范。①

① 相关研究可参见季怀银：《宋代法官责任制度初探》，载《中州学刊》1993 年第 1 期；明廷强、张玉珍：《试析唐律的“官司出入人罪”》，载《齐鲁学刊》2003 年第 3 期；李凤鸣：《清代州县官吏的司法责任》，复旦大学出版社 2007 年版；李燕：《清代审判纠错机制研究》，中国政法大学 2008 年博士学位论文；田也异：《宋代法官错案追究制的再审视——兼评我国现行错案追究制》，载《研究生法学》2014 年第 2 期；王广彬：《中国古代司法官责任制度探究》，载《政法论坛》1998 年第 5 期；巩富文：《中国古代法官责任制度研究》，西北大学出版社 2002 年版；张勇：《中国古代司法官责任制度

早在秦汉时期,有关官员错案责任的规范就已经以律文形式出现,为后世相关法律制度奠定了基础。《睡虎地秦墓竹简》中的《法律答问》部分明确地解释了"不直"与"纵囚"两种罪名:"何谓不直? 何谓纵囚? 罪当重而端轻之,当轻而端重之,是谓不直。当论而端弗论,及□其狱,端令不致,论出之,是谓纵囚。"[①]由此可知,"不直"指的是官员故意加重或减轻罪犯刑罚的行为,而"纵囚"是指对罪犯故意不予追究或故意减轻责任使其免于处罚。同时,《法律答问》中提到了"失刑罪":

士五(伍)甲盗,以得时直(值)臧(赃),臧(赃)直(值)过六百六十,吏弗直(值),其狱鞫乃直(值)臧(赃),臧(赃)直(值)百一十,以论耐,问甲及吏可(何)论? 甲当耐为隶臣;吏为失刑罪,或端为,为不直。

士五(伍)甲盗,以得时直(值)臧(赃),臧(赃)直(值)百一十,吏弗直(值),其狱鞫乃直(值)臧(赃),臧(赃)直(值)过六百六十,黥甲为城旦,问甲及吏可(何)论? 甲当黥为城旦;吏为失刑罪。甲有罪,吏智(知)而端重若轻之,论可(何)殹(也)? 为不直。[②]

及其法文化分析》,中国政法大学2002年博士学位论文;李麒:《中国古代司法官责任制度探析》,载《兰州大学学报》2003年第6期;周永坤:《"出入人罪"的司法导向意义——基于汉、唐、宋、明四代的比较研究》,载《法律科学(西北政法大学学报)》2015年第3期;范依畴:《冤狱追责虚化势必纵容错案复发——今日呼格案与昔日杨乃武案比较与反省》,载《法学》2016年第9期;白阳:《清代错案追责制度运行中的困境及原因探析》,载《浙江社会科学》2019年第7期;白阳:《优礼与管控之间:清代错案责任"双轨制"之形成及其原因探析》,载《交大法学》2020年第3期;白阳:《试论清代错案的认定标准及其影响》,载《法律史评论》2021年第2期。

① 睡虎地秦墓竹简整理小组编:《睡虎地秦墓竹简》,文物出版社1990年版,第115页。

② 睡虎地秦墓竹简整理小组编:《睡虎地秦墓竹简》,文物出版社1990年版,第101~102页。

其所描述的是当官吏因低估或高估赃物的价值而最终拟罪出入时,需要根据“失刑罪”追究其责任。而从两段最后“或端为,为不直”以及“吏智(知)而端重若轻之……为不直”等描述中可以看出,“失刑罪”与“不直”相对,指因过失而拟罪错误,从而需要追究官员责任的情况。

因此,秦律中就已经开始追究官员的错案责任,并明确区分故意与过失。这种以错误结果为追责导向、以主观因素予以区分的规范为后世的错案追责制度奠定了基础,成为中国传统社会中错案追责的基本模式。尚需指出的是,如果“不直”罪仅惩治官员故意加重或减轻量刑的行为,“纵囚”罪是为了杜绝官员故意将罪犯出罪使其免受刑罚的做法,那么,其似乎遗漏了官员将无辜者故意入罪的错案责任。但如果秦代有关错案责任的立法本身并无疏漏,官员将无辜者故意入罪的情形适用“不直”罪予以惩处;那么专设“纵囚”罪名就体现出当时的统治者更加重视切实打击既有犯罪,严禁官员故意使犯人漏网。

当然,从已有的秦律内容中还难以看出错案责任相应的量刑情况。尽管有学者根据《法律答问》中“赀盾不直,可(何)论?赀盾”①一句推测对错判案件的官员实行反坐,即“以错判的罪来惩罚‘不直’的司法官吏”②;但鉴于可佐证的资料太少,因而难以贸然下此断言。不过,汉代的法律规范较为完整地展现了官员基于故意或过失而应承担的相应错案责任。

《张家山汉墓竹简》中《二年律令》的《具律》部分记载了如下内容:“鞫狱故纵、不直,及诊、报、辟,故弗穷审者,死罪,斩左止(趾)为城旦,它各以其罪论之。其当毄(系)城旦舂,作官府偿日

① 睡虎地秦墓竹简整理小组编:《睡虎地秦墓竹简》,文物出版社1990年版,第104页。

② 巩富文:《中国古代法官出入人罪的责任制度》,载《政法论坛》1990年第1期。

者，罚岁金八两；不盈岁者，罚金四两。□□□□两，购、没入、负偿，各以其直（值）数负之。其受赇者，驾（加）其罪二等。所予臧（赃）罪重，以重者论之，亦驾（加）二等。其非故也，而失不审者，以其赎论之。爵戍四岁及毄（系）城旦舂六岁以上罪，罚金四两。赎死、赎城旦舂、鬼薪白粲，赎斩宫、赎劓黥、戍不盈四岁，系不盈六岁，及罚金一斤以上罪，罚金二两。系不盈三岁，赎耐、赎迁，及不盈一斤以下罪，购、没入、负偿、偿日作县官罪，罚金一两。”①

由此条文可知，汉代基本沿袭了秦代对错案责任的追究制度，并明确了处罚的标准。对于故纵、不直以及勘察、审理、判决不彻底等故意出入人罪的官员，若涉及死刑案件，处以斩左止（趾）为城旦的刑罚，其余情形则一般根据所出入的罪刑施以相应的刑罚。而对于过失导致的错拟，按照各自的赎刑轻重，分别予以罚金四两、二两和一两的处罚。

不过，与秦代相比，此时相关罪名的含义似有变化。《汉书·景武昭宣元成功臣表》中的注文有如下说明：“晋灼曰：律说出罪为故纵，入罪为故不直。”②从其表述可知，根据晋灼援引律说的内容，汉代似乎以“故纵”与“故不直”两种罪名涵盖了所有故意出罪与故意入罪的情形。那么，相较于秦代的“不直”，汉代的“故不直”不再包含“当重而端轻之”这种故意减轻量刑的情形，但对将无辜者故意入罪的情形应予以适用；而秦代的“纵囚”罪名在汉代也改为了“故纵”，且追责情形应不再仅仅包括将有罪者免罪，还应纳入故意对重刑罪犯判处轻刑这种情况。

由此可见，汉代时对于错案追责的法律规范就已经粗具规模，其以主观上是否存在故意为区分标准：对于故意造成出入人罪的

---

① 张家山二四七号汉墓竹简整理小组编著：《张家山汉墓竹简：二四七号墓（释文修订本）》，文物出版社 2006 年版，第 22 页。

② 《汉书·景武昭宣元成功臣表》。

官员,除死刑外,基本上以其所出入的罪名予以反坐即所谓“各以其罪论之”,对于非故意造成的错案则以相应罪名的赎刑对官员予以处罚,从而区分责任轻重。这一规定为后世立法提供依据与参考,即如沈家本所说的,“《唐律》有官司出入人罪条,即《汉律》之出罪、入罪,此又唐法之本于汉者”。[①]

至唐代,以“官司出入人罪”条为代表的错案责任法规渐臻完善。作为承前启后的重要法典,《唐律疏议》自然具有举足轻重的地位。而其中有关错案责任的条文自然也继承了前代规范的核心特点,并予以进一步完善,从而成为后世法典相关条文之蓝本。《唐律疏议・断狱律》对“官司出入人罪”规定如下:

> 诸官司入人罪者,谓故增减情状足以动事者,若闻知有恩赦而故论决,及示导令失实辞之类。若入全罪,以全罪论;虽入罪,但本应收赎及加杖者,止从收赎、加杖之法。
>
> 从轻入重以所剩论。刑名易者,从笞入杖、从徒入流,亦以所剩论。从徒入流者,三流同比徒一年为剩,即从近流而入远流者,同比徒半年为剩;若入加役流者,各计加役年为剩。从笞杖入徒流,从徒流入死罪,亦以全罪论。其出罪者各如之。
>
> 即断罪失于入者,各减三等,失于出者,各减五等。若未决放及放而还获,若囚自死,各听减一等。
>
> 即别使推事,通状失情者,各又减二等;所司已承误断讫,即从失出入法。虽有出入,于决罚不异者,勿论。[②]

根据上述律文的规定,唐代的错案追责条文保持了以官员所

① (清)沈家本撰:《历代刑法考》,邓经元、骈宇骞点校,中华书局1985年版,第1495页。

② 《唐律疏议・断狱律》。

作出判决有所出入为追责启动标准的基本模式，即只要官员所拟罪名与应拟罪名不符，就需要承担相应的责任。只有在确定对官员的量刑幅度时才需考量各种因素，如在主观方面，若故意出入人罪，则依照刑罚相差的程度予以处罚，对于把无辜者判作有罪或将有罪者无罪开释导致全入全出的官员，则以全罪论处，即便是死罪也予以“反坐”。而对于过失出入人罪的官员，可在故出故入所受刑罚的基础上减等处罚，且出罪比入罪所受处罚更轻。同时，如果错拟案件可以挽回，即刑罚并未执行或将释放的罪犯重新抓获，对官员可以减一等处罚。这一追责模式以及量刑标准自《唐律疏议》规定之后正式予以定型；后世的律文虽略有修正，但基本上以《唐律疏议》的规范为模板，未发生实质性的改变。

宋代总体上延续唐代规范及对官员的优礼态度，但对其进行了一定程度的修正，从而出现了超越律文规范的单行条文。《宋刑统》对出入人罪的规定与《唐律疏议》一致。但从宋代皇帝所发布的一系列诏令以及相关单行条文的出现等情形中可以看出：宋代的错案追责制度一方面继续保持甚至扩大了对官员的优礼，使官员承受较轻的错案责任压力；另一方面基于对人命的慎重而加大了对失入死罪错案的管控，通过制定有关单行条文在一定程度上突破了既有法律的规定。

具体而言，太宗雍熙三年（公元986年），刑部认为“人命至重，死者不可复生，非少峻条贯，何以责其明慎”，因而向皇帝奏请，对于失入死刑的官员“不得以官减赎，检法官削一任，更赎铜十斤；本州判官削一任；本吏并勒见任”，从而通过排除适用减、赎等优待措施来加重官员失入时的错案责任。① 其建议得到了皇帝的认可，予以推行。但真宗咸平二年（公元999年）编敕之时，该规定被删去。直到真宗景德二年（公元1005年），才有大臣上奏，指出对于失入

---

① 参见《宋会要辑稿·刑法四》。

死刑的案件应予以重视，目前律文对官员的处罚规定过轻，亟待改变，但仍遵照雍熙三年的规定“又未酌中”，因此提议：“失入死罪至追官者，断官冲替，候放选日，注僻远小处官，系书幕职、州县官注小处官，京朝官任知州、通判知令录，幕职授远处监当，其官高及武臣、内职奏裁。”①该建议得到了皇帝的认可。这就意味着，在失入死罪的情形下，为了加重官员的错案责任，其不再依据律文原有的规定予以处置，而是依照单行条文，解除其现任官职，再贬官任用。

到了宋神宗熙宁二年（公元 1069 年），皇帝下诏，对失入死罪官员的责任作出了更为系统性的规定：“今后失入死罪，已决三名，为首者手分刺配千里外牢城，命官除名编管，第二从除名，（第三、）第四从追官勒停。二名，为首者手分远恶处编管，命官除名，第二从追官勒停，第三、第四从勒停。一名，为首者手分千里外编管，命官勒停，第二从勒停，第三、第四从冲替。以上赦降、去官不免，后合磨勘、酬奖、转官取旨。未决者，比数递减一等；赦降、去官又递减一等。内使相、宣徽使、前两府取旨；大卿监、阁门使以上，以类上条降官、落职、分司或移差遣；其武臣知州军、自来不习刑名者，取旨施行。”②

该规定不仅根据失入死罪的人数来区别对官员的处罚程度，还考量首从，对各级官员都追究错案责任。由此可知，此时对失入案件的追责规范已彻底脱离既有律文的规定，转而适用相应的单行条文予以处分；这显然加重了失入死罪官员的责任。

但与之相对，对于失出及失入徒流等罪案件，北宋时期对官员错案责任的追责力度较唐代又有减轻，这从相关规定的变更过程中似可以印证。

哲宗元祐七年（公元 1092 年），大臣上奏指出：“伏见法寺断大

---

① 《宋会要辑稿·刑法四》。
② 《宋会要辑稿·刑法四》。

辟，失入一人有罚，失出百人无罪。断徒流罪，失入五人则责及之，失出虽百人不书过。”[①]由此可知，当时对于失入徒流罪名的官员，失入五人才需追责；而失出死罪、徒流的，并不追究官员的错案责任。这无疑表明北宋时期不仅大幅度减轻了官员失入徒流案件的错案责任，甚至免除了其失出的责任，其对官员的优礼程度可见一斑。鉴于缺乏对失出官员的处罚而不利于督促官员妥善履行司法职能，在大臣的建议下，皇帝同意添加如下内容以追究失出官员的责任：“失出（死）罪五人比失入一人；失出徒、流罪三人比失入一人。”[②]至绍圣四年（公元 1097 年），皇帝又将“失出死罪五人比失入一人”改为“失出三人比失入一人”[③]。

不过，对于官员失出责任的追究并未持续太久，到了哲宗元符三年（公元 1100 年），有大臣以“失出者，臣下之小过；好生者，圣人之大德”为由建言取消对失出官员的处罚，并得到皇帝的同意。自此重新回归到以单行规范处置失入官员而不追究失出官员错案责任的模式之中。

通过上述分析可知，宋代的错案追责制度发生了较大的变化。尽管宋代法律继承了《唐律疏议》的内容，但逐渐开始摒弃律文中有关出入人罪的规范：一方面加重失入死罪的官员责任，单独制定条文予以规制；另一方面大大减轻乃至免除了其他情形下官员的错案责任，赋予官员更多的优厚待遇。沈家本在《历代刑法考》中也对这一现象表示不解：“唐律失出减五等，而此言不坐，是其时不用律文也。舍律文而别定此法，殊不可解。”[④]因此，宋代的错案追责模式已与唐代那种完全由律典规定的情形不同。为了达到其加

---

① 《宋会要辑稿·刑法四》。

② 《宋会要辑稿·刑法四》。

③ 《宋会要辑稿·刑法四》。

④ （清）沈家本撰：《历代刑法考》，邓经元、骈宇骞点校，中华书局 1985 年版，第 1005 页。

重或减轻官员错案责任的目的，其往往优先适用单行条文而舍弃相关律文规定。

元代的相关记载不多。根据《元史·志》的记载，其沿用了唐宋时期“官司出入人罪”的基本条文，只是针对失出死罪的案件，特别规定了“笞五十七，解职，期年后降先品一等叙，记过”的处罚。[①]这种处罚模式在《大元圣政国朝典章》中的“刑名枉错断例”的案例中得到了印证。[②]

明清时期，有关“官司出入人罪”条文的内容有所变化。以《大清律例》为例，“官司出入人罪”的规定如下：

> 凡官司故出入人罪，全出全入者，徒不折杖，流不折徒，以全罪论。谓官吏因受人财，及法外用刑，而故加以罪，故出脱之者，并坐官吏以全罪。
>
> 若于罪不至全入，但增轻作重，于罪不至全出，但减重作轻，以所增减论，至死者，坐以死罪。若增轻作重，入至徒罪者，每徒一等折杖二十；入至流罪者，每流一等折徒半年；入至死罪已决者，坐以死罪。若减重作轻者，罪亦如之。
>
> 若断罪失于入者，各减三等；失于出者，各减五等；并以吏典为首，首领官减吏典一等，佐贰官减首领官一等，长官减佐贰官一等科罪。坐以所减三等、五等。
>
> 若囚未决放，及放而还获，若囚自死，故出入、失出入各听减一等。其减一等，与上减三等、五等，并先减而后算，折其剩罪以坐。不然，则其失增、失减，剩杖、剩徒之罪，反有重于全出、全入者矣。[③]

---

① 参见《元史·志》卷五六。
② 参见《大元圣政国朝典章》。
③ 《大清律例》。

从律文内容可以看出，其首先对故意造成拟罪出入的情况作出处罚规定，包括全出全入和增轻作重、减重作轻两类。“全出全入”指的是将无罪者判为有罪或将有罪者拟为无罪，此时需要反坐，即以所出入的“全罪”论处。而增轻作重、减重作轻是指拟罪轻重出入，即在五刑各等级之间有所出入。在这种情况下，刑罚标准是需要将徒罪折为杖数，即每徒一等杖二十；流罪折为徒刑年数，即每流一等折徒半年。例如，官员将应拟杖八十的人犯错拟为杖一百、流二千五百里，此时罪名相差两级，需要分别折算。首先，由于流刑共有三等，二千五百里为第二等，故应先折为徒一年；其次，徒刑共有五等，满徒折杖为一百杖，故需杖一百；最后，满杖为杖一百，而其本需要杖八十，故还需将多出的二十下加入处罚之中。这样一来，按照律文的规定，该官员需要徒一年，杖一百二十。

对于过失导致的错拟，其是比照故意减等处罚的，即失入减三等、失出减五等。这里所谓减三等、减五等是相对于错拟的刑罚而言的。例如，犯人本应拟判杖八十，但官员过失拟判杖一百、流三千里。由于是失入，所以需将流三千里这一刑罚先减三等，变为杖八十、徒二年，然后再折算成杖数，即徒二年为徒刑第三等，应折杖六十，加上满杖一百，再减去应仗八十，共需处以杖八十的处罚。

此外，对于未予执行、未予释放或者释放之后又抓获的，以及犯人自然死亡的，需再减一等折算。

当然，清代对于官员错案责任的规定并不仅限于《大清律例》。瞿同祖先生在分析清律的继承和变化时曾指出：“《官司出入人罪》条规定官吏故出入人罪者，即以所出入之罪反坐之，处以杖、徒、流或死刑，失出失入者，减等拟罪。但实际上，寻常失出失入皆按《吏部处分则例》议处（罚俸、降级、革职），向不引用刑律。只有情罪严重的案件，经皇帝降旨交刑部议处时，才引用刑律。”[①]由此可知，清代错案追责制度已渐成规模，不仅包括《大清律例》中的规定，更在《吏部处分则例》中有详细的描述。

的确，除《大清律例》中“官司出入人罪”“断罪引律令”“断罪不当”等条文的规定外，《吏部处分则例》也对官员错拟案件的情形作出了规定，其既包括了改造口供、草率定拟导致故意出入人罪的条文，还有失出失入、失错遗漏、秋审错误等处分办法，更是详细规定了免责的情形，从而界定了错案追责适用的范围。[②] 这表明，清代呈现同时适用《大清律例》和《吏部处分则例》追究官员错案责任的“双轨制”模式。

---

① 瞿同祖：《清律的继承与变化》，载瞿同祖：《瞿同祖法学论著集》，中国政法大学出版社2004年版。

② 参见《清会典事例·吏部·处分例》（光绪朝）卷一二三《官员断狱不当》。

伐三苗

(图的内容为三苗部落祸乱一方,皋陶助禹征伐三苗)

第二节 慎刑恤杀,明德慎罚

《尚书·大禹谟》中对皋陶的一段描述体现了其慎刑的思想:“帝德罔愆,临下以简,御众以宽;罚弗及嗣,赏延于世。宥过无大,刑故无小;罪疑惟轻,功疑惟重;与其杀不辜,宁失不经;好生之德,洽于民心,兹用不犯于有司。”①这种审慎刑罚的观念一直流传于后世,并且对刑事司法产生了重要影响。

西周便确立了“明德慎罚”的观念,如《尚书·康诰》中有如下表述:“惟乃丕显考文王,克明德慎罚;不敢侮鳏寡,庸庸,祗祗,威威,显民。”②“明德慎罚”指的是统治者一方面要施行德政、推行教化;另一方面在适用刑罚时应当宽缓、谨慎,而不能一味地采取严刑峻法。具体而言,要区分故意与过失、累犯与偶犯,对于过失与偶犯要从轻处罚:“人有小罪,非眚,乃惟终自作不典;式尔,有厥罪小,乃不可不杀。乃有大罪,非终,乃惟眚灾:适尔,既道极厥辜,时乃不可杀。”③同时,在司法审判中要仔细确认案件事实,遵循罪疑从赦的原则:“五刑之疑有赦,五罚之疑有赦,其审克之!简孚有众,惟貌有稽。无简不听,具严天威。”④此外,统治者还反复提醒司法官员,一定要审慎用刑,否则就无法实现符合天道的善政:“呜呼!敬之哉!官伯族姓,朕言多惧。朕敬于刑,有德惟刑。今天相民,作配在下。明清于单辞。民之乱,罔不中听狱之两辞,无或私家于狱之两辞!狱货非宝,惟府辜功,报以庶尤。永畏惟罚,非天

① 《尚书·大禹谟》。
② 《尚书·康诰》。
③ 《尚书·康诰》。
④ 《尚书·吕刑》。

不中,惟人在命。天罚不极,庶民罔有令政在于天下。”①

汉代为了表明对司法裁决的慎重,早在汉高祖时便确立了疑狱上报制度。汉高祖七年(公元前200年)的诏书指出,为了避免“有罪者久而不论,无罪者久系不决”的情形,朝廷要求今后凡是基层不能解决的案件都要逐级上报,先报到二千石的官员处予以审理,还是不能解决的可以再上报廷尉审理;廷尉仍不能裁决的,可以上奏皇帝,由皇帝亲自裁判。② 贾谊也秉持慎刑的思想,提出类似于“疑罪从无”的观点:“诛赏之慎焉。故与其杀无辜也,宁失于有罪也。故夫罪也者,疑则附之去已。夫功也者,疑则附之与已。则此毋有无罪而见诛,毋有有功而无赏者矣。戒之哉,戒之哉!诛赏之慎焉。故古之立刑也,以禁不肖,以起怠惰之民也。是以一罪疑,则弗遂诛也,故不肖得改也。故一功疑,则必弗倍也,故愚民可劝也。是以上有仁誉,而下有治名。疑罪从去,仁也;疑功从予,信也。戒之哉,戒之哉!慎其下,故诛而不忌,赏而不曲。不反民之罪而重之,不灭民之功而弃之。”③根据贾谊的说法,惩罚与奖赏都要慎重。对于有疑问的案件,与其冒着杀掉无辜之人的风险,还不如放过可能有罪之人,即在定罪时遇有疑案的,应当对嫌疑人免予处罚。而对于有功者的奖赏,即便有疑问也要予以奖励。如此一来,就不会发生无罪者被惩处、有功者不受赏的情况;从而也会使不肖之徒有机会改邪归正,使愚昧之人受到教化。如此,国君便会拥有仁德的声誉,官员也获得了善治的名声。罪疑不纠,便是仁德;功疑必赏,便是诚信。秉持这种审慎刑罚的观念,惩罚罪犯时就不会有所顾忌,奖赏功臣时就不会徇私舞弊,也就不会加重惩处百姓,不会埋没民众的功绩。

---

① 《尚书·吕刑》。

② 参见《汉书·刑法志》。

③ 《新书·大政上》。

与此同时，汉代文帝、景帝时期基于恤刑的观念进行了著名的废除肉刑改革，改革的“导火索”则源于一个著名的故事——“淳于缇萦上书救父”：

及孝文即位，躬修玄默，劝趣农桑，减省租赋。而将相皆旧功臣，少文多质，惩恶亡秦之政，论议务在宽厚，耻言人之过失。化行天下，告讦之俗易。吏安其官，民乐其业，畜积岁增，户口浸息。风流笃厚，禁罔疏阔。选张释之为廷尉，罪疑者予民，是以刑罚大省，至于断狱四百，有刑错之风。

即位十三年齐太仓令淳于公有罪当刑，诏狱逮系长安。淳于公无男，有五女，当行会逮，骂其女曰：“生子不生男，缓急非有益！”其少女缇萦，自伤悲泣，乃随其父至长安，上书曰：“妾父为吏，齐中皆称其廉平，今坐法当刑。妾伤夫死者不可复生，刑者不可复属，虽后欲改过自新，其道亡繇也。妾愿没入为官婢，以赎父刑罪，使得自新。”书奏天子，天子怜悲其意，遂下令曰：“制诏御史：盖闻有虞氏之时，画衣冠、异章服以为戮，而民弗犯，何治之至也！今法有肉刑三，而奸不止，其咎安在？非乃朕德之薄而教不明与？吾甚自愧。故夫训道不纯而愚民陷焉，《诗》曰：‘恺弟君子，民之父母。’今人有过，教未施而刑已加焉，或欲改行为善，而道亡繇至，朕甚怜之。夫刑至断支体，刻肌肤，终身不息，何其刑之痛而不德也！岂为民父母之意哉！其除肉刑，有以易之；及令罪人各以轻重，不亡逃，有年而免。具为令。”

丞相张仓、御史大夫冯敬奏言：“肉刑所以禁奸，所由来者久矣。陛下下明诏，怜万民之一有过被刑者终身不息，及罪人欲改行为善而道亡繇至，于盛德，臣等所不及也。臣谨议请定律曰：诸当完者，完为城旦舂；当黥者，髡钳为城旦舂；当劓者，笞三百；当斩左止者，笞五百；当斩右止，及杀人先自告，及吏坐受赇枉法，守县官财物而即盗之，已论命复有笞罪者，皆弃市。罪人狱已决，完为城旦舂，满三岁为鬼薪、白粲。鬼薪、白粲一岁，为隶臣妾。隶臣妾一岁，免为庶人。隶臣妾满二岁，为司寇。司寇一岁，及作如司寇二岁，皆免为庶人。其亡逃及有罪耐以上，不用此令。前令之刑城旦舂岁而非禁锢者，完为城旦舂岁数以免。臣昧死请。"制曰："可。"是后，外有轻刑之名，内实杀人。斩右止者又当死。斩左止者笞五百，当劓者笞三百，率多死。

景帝元年，下诏曰："加笞与重罪无异，幸而不死，不可为人。其定律：笞五百曰三百，笞三百曰二百。"狱尚不全。至中六年，又下诏曰："加笞者，或至死而笞未毕，朕甚怜之。其减笞三百曰二百，笞二百曰一百。"又曰："笞者，所以教之也，其定箠令。"丞相刘舍、御史大夫卫绾请："笞者，箠长五尺，其本大一寸，其竹也，末薄半寸，皆平其节。当笞者，笞臀。毋得更人，毕一罪乃更人。"自是笞者得全，然酷吏犹以为威。死刑既重，而生刑又轻，民易犯之。①

根据上述记载，汉文帝十三年（公元前167年），齐国太仓令淳于意犯了罪，要被处以肉刑。根据当时的规定，官员犯罪必须由中央统一审理，故而淳于意要被解送到长安区受审。他没有儿子，只生了五个女儿。当他被逮捕准备押送上路的时候，不禁感慨自己只生女儿而没生儿子，以至于遇到危难时没有用处。淳于意最小

① 《汉书·刑法志》。

的女儿听后十分悲伤,毅然决定跟随父亲的囚车前往长安,并向汉文帝递交了申诉书。这个少女便是当时只有十五岁的淳于缇萦。

淳于缇萦在申诉书中写道:"小女子的父亲是个小官,他在齐国为官时名声挺好的,老百姓都称赞他办事廉洁公正。现在因为偶然触犯法律要被判处刑罚。我所忧伤的是被处死的人无法再生,而受过肉刑的人就不能再恢复原状了,即便他们以后想要改过自新,也失去了这样的途径和机会。"由于肉刑无法恢复,所以一旦受刑,身体残缺就会永久性存在;这既有违孝道,又易于辨别,使人们一下子就能了解其曾经是个罪犯,也就难以恢复平民身份、重新回归社会了。淳于缇萦请求汉文帝给她父亲一个机会,她自己愿意没入官府成为奴婢,来赎换父亲要受到的肉刑。

汉文帝看了淳于缇萦的申诉书后深受感动,于是下令废除肉刑。正是在这道诏书中,汉文帝提出了废除肉刑的三大理由。

首先,汉文帝进行了反思与自我批评。他说道:"我听说在古代圣王虞舜的时代,在罪犯衣帽上画某种图像,或者给罪犯穿上与常人不同样式和颜色的衣服,就算处以某种刑罚了,而当时百姓都没有犯罪,这是政治清明的崇高境界。如今法律中有黥、劓、斩趾三种肉刑,犯罪却不因此而减少,那么这是什么原因造成的呢?难道不是因为我的恩德浅薄且教化不明吗?我自己感觉非常惭愧。正是教化不明而使无知的百姓陷于法网。"由此可知,汉文帝认为肉刑的威慑力并不可靠,无法阻止人们犯罪。之所以无法消除犯罪,是因为对百姓的教化不够,而不在于刑罚制度本身的严酷性。

其次,汉文帝认同了淳于缇萦的观点。他指出,如今人们犯了过错,没有对其进行教育就施加刑罚,即使罪犯以后想要改过自新,也失去了重新做人的机会。对此,汉文帝怜悯之情油然而生。

最后,汉文帝展现出了人道的关怀。他发现现有的刑罚过于严酷,重到截断人的肢体、刻入人的肌肤,以至于终身不能消除,让人一辈子受苦,这是极为惨痛且不道德的。君主施行这样残酷的刑罚,难道是为人父母的意思吗?

综上,废除肉刑的三个理由为:其一,肉刑的威慑力并不足以阻止犯罪;其二,百姓犯罪的原因是教化不足,故而应该给犯罪者改过自新的机会;其三,肉刑过于残酷,不人道。

基于上述理由,汉文帝下令改革刑罚体系。一方面,废除肉刑,用其他刑罚来代替肉刑;另一方面,所有罪犯按照其罪行轻重来施以相应的刑罚,在服刑期间不逃走的,期满后释放为平民,而不再使其终身服役。

丞相张仓、御史大夫冯敬依照汉文帝的要求拟定了刑罚改革方案。具体内容如下:

改黥刑为髡钳城旦舂五年,即把罪犯的头发、胡子全部剃光,在脖子上戴铁钳,从而防止其逃跑,再让男犯去筑城,女犯去舂米,服苦役五年;改劓刑为笞三百,即用竹板打三百下;改斩左趾为笞五百。至于犯有斩右趾、杀人而自首、官吏贪赃枉法等罪的,或者在裁判确定后又犯笞刑以上之罪的,要弃市,即在闹市执行死刑,并陈尸街头示众。对于故意杀人后立即自首试图保命以及官员贪赃枉法的行为,统治者将其认定为严重危害社会秩序的犯罪,故而无法容忍,需要适用死刑。而之所以斩右趾,是因为初犯者已被斩去左趾,被判斩右趾的犯人皆是再次触犯法律而被判处斩趾重罪之人,这说明罪犯之前受到处罚后仍无悔改之心,也就不需要再给他改过自新的机会了。同样,罪犯被判决后又犯笞刑以上之罪的,也会因其没有好好珍惜改过自新的机会而被直接处死。

同时,被判处完城旦舂的罪犯,先保留头发、胡须做三年的城旦舂,之后转鬼薪、白粲一年,即男犯伐木一年、女犯从事粮食加工一年,再转隶臣妾一年,总共服苦役五年就可释放为民。被判处鬼薪、白粲的罪犯,先做鬼薪、白粲三年,期满后再做一年的隶臣妾即可,总共服苦役四年便可释放为民。被判处隶臣妾的罪犯,先在衙门做勤杂工两年,之后去当两年司寇,总共服役四年。被判处司寇的罪犯则服役两年后回归社会。而被判处髡钳城旦舂的罪犯，先剃光头发、胡须，戴着铁钳劳役一年，之后转为完城旦舂，摘掉铁钳，保留头发、胡须劳役三年，再转为鬼薪、白粲一年，隶臣妾一年，总共服役六年。

汉文帝的刑罚改革虽然意在减轻刑罚的残酷性，但存在一些弊病，如执行数目太多，往往将罪犯打死，故而被认为"外有轻刑之名，内实杀人"。

汉景帝即位后继续推行刑罚的改革，规定原来应笞五百下的一律减为三百下，原来应笞三百下的则减为二百下。不久之后又下令，把三百下减至二百下，二百下减为一百下。同时，汉景帝专门颁布了《箠令》，具体规定了执行笞刑的刑具的标准，要求竹板只能长五尺，大头宽一寸，小头宽半寸，总重量不得超过两斤，且竹板必须刨光滑。对罪犯的打击部位只能是臀部，因为该处肉较厚，不易打伤。更为关键的是，规定行刑时只能由同一个人执行，不可轮换人员笞打，从而使受刑者得以保全性命。此外，汉景帝还废除了磔刑，改为弃市，并将宫刑作为死刑的替代刑。

至唐代，唐太宗也十分强调执法的审慎性，对于涉及死刑的案件更为慎重。贞观元年（公元 627 年），唐太宗指出："死者不可再生，用法务在宽简……""古者断狱，必讯于三槐、九棘之官，今三公、九卿，即其职也。自今以后，大辟罪皆令中书、门下四品以上及尚书九卿议之。如此，庶免冤滥。"[①]可见，为了防止仓促决定导致冤案，唐初便要求处决死囚应当由四品以上官员共同商议决定，以示慎重。这种慎刑的举措起到了良好的效果，直到贞观四年（公元 630 年），全国最终被判处死刑的只有二十九人，"几致刑措"。与此同时，唐太宗还下令，即便确定执行死刑后，也要向皇帝"三复奏"或"五复奏"。《贞观政要·论刑法》有如下记载：

① 《贞观政要》卷八《论刑法》。

贞观五年，张蕴古为大理丞。相州人李好德素有风疾，言涉妖妄，诏令鞫其狱。蕴古言："好德癫病有征，法不当坐。"太宗许将宽宥。蕴古密报其旨，仍引与博戏。治书侍御史权万纪劾奏之。太宗大怒，令斩于东市。既而悔之，谓房玄龄曰："公等食人之禄，须忧人之忧，事无巨细，咸当留意。今不问则不言，见事都不谏诤，何所辅弼？如蕴古身为法官，与囚博戏，漏泄朕言，此亦罪状甚重。若据常律，未至极刑。朕当时盛怒，即令处置。公等竟无一言，所司又不覆奏，遂即决之，岂是道理。"因诏曰："凡有死刑，虽令即决，皆须五覆奏。"五覆奏，自蕴古始也。又曰："守文定罪，或恐有冤。自今以后，门下省覆，有据法令合死而情可矜者，宜录奏闻。"

……

贞观五年，诏曰："在京诸司，比来奏决死囚，虽云三覆，一日即了，都未暇审思，三奏何益？纵有追悔，又无所及。自今后，在京诸司奏决死囚，宜二日中五覆奏，天下诸州三覆奏。"又手诏敕曰："比来有司断狱，多据律文，虽情在可矜而不敢违法，守文定罪，惑恐有冤。自今门下省复有据法合死，而情在可矜者，宜录状奏闻。"①

由此可知，唐太宗因为错杀了大理丞张蕴古而感到后悔，于是制定了"三复奏""五复奏"的规定：今后涉及死刑的案件，要向皇帝连续汇报三次才能执行，并且不能一天之内报告完毕，需要分两天奏报；对于京城地区的死刑案件则更为谨慎，要求连续五次奏报。同时，对于情有可原的案件，也要向皇帝报告。

宋代对死刑的审判同样十分慎重，形成了颇具特点的死刑复

① 《贞观政要》卷八《论刑法》。

核制度。一方面,对于没有疑义的死刑案件,地方有权执行;但在执行后需要向刑部报备,刑部进行事后复核。另一方面,遇有疑难案件而无法作出判决时,地方官员要报朝廷议决,包括适用法律有疑问的“刑名疑虑”、情节上有可以怜悯之处的“情理可悯”、未经尸检的“尸不经检”、缺乏杀人证据的“杀人无证”以及审判官员意见不统一这五种情形。这些疑难案件由大理寺详断,并经刑部复核。若案件仍不能决断,则由皇帝召集大臣集议而定。①

明清时期仍然贯彻“慎刑慎杀”的理念。康熙曾在对刑部的旨意中指出:“刑罚关系人命,凡审谳用刑,理应格守定制,精详慎重,不得恣行酷虐,致滋冤滥。这本内事情,虽经条奏申饬,恐不肖官员,日久玩忽,仍于法外妄用重刑,有负钦恤之意。尔部仍通行内外问刑各衙门,严加申饬,如有故违,即行指参,从重治罪。”②对于死刑案件,清代设置了秋审制度,即为了表示慎重,在每年霜降之后,对全国在押的斩绞监候人犯普遍录囚,进行复核,把死罪人犯分为“情实”“缓决”“矜疑”“留养承祀”四种情况。若案件确无疑义,罪犯被认定为“情实”,则需要上奏皇帝,若皇帝予以勾决,则执行死刑。若罪犯被认定为“缓决”,则留待下一年再次秋审;若经三次秋审均定为“缓决”,则可免死减等处置。若罪犯情有可原,则认定为“可矜”,同样可以减等发落;若案件有疑问,则发回重审。雍正年间又设立了“留养承祀”,即如果罪犯是独子,而祖父母、父母年老无人奉养,经过皇帝批准后,可以改判为重杖一顿、枷号三个月,然后回家侍奉父母。而在具体认定时,清廷还通过细化死罪刑罚条规、参照成案反复比对、详核案情细节,寻找“可原之情”,严密

---

① 参见叶孝信、郭建主编:《中国法制史》(第3版),复旦大学出版社有限公司2017年版,第159页。

② 《清圣祖实录》卷一一四。

复核程序和官员责任制度等方式来实现“慎刑”之目的。[①]

在清代的官箴书当中,同样可以发现许多对于“慎刑”观念的论述。如《居官寡过录》中记载有这样一段内容:“书曰:罪疑惟轻。又曰:宁失不经。夫以皋陶为士,安有疑罪?不经之人,岂不失出?明断如古人,犹慎重若此,况其他乎?今之为官者,苟能阙疑慎狱,即是窃比皋陶,其自命正复不小。彼锻炼成狱者,不及古人远矣,何聪明之足恃哉!”[②]其将皋陶作为慎刑之典范,告诫当时的官员用刑要谨慎。

类似的描述还有很多。例如,有的官员指出要禁止滥用刑罚,以达到祥刑之目的:“惟良折狱,载在尚书。以声听讼,详于周礼。古昔圣贤于两造具备之时,犹必考察容貌,简核实情,然后丽以法而议其罪,未闻遽加以刑者,诚重之也。凡问刑衙门,自应虚衷研讯,惟明惟允,庶几狱成而孚乃。若以刻深为明察,以严厉为才能,任意残虐,罔恤民命,或未经鞫问,敲扑频加,或业已招承,推求不止,哀号疾痛之状宛转阶前,具有耳目,宁无见闻,仁人君子,奚忍出此。至于据供定罪,援律成招,出入之间,生死攸关,更宜详慎。该州县审理事件,必须平心静气,悉秉虚公,度理揆情,务归平允,勿横加捶楚,勿专事深文,则刑罚得中,和气致祥。”[③]

更有官员提出了在施以刑罚时具体的注意事项,从而实现“慎刑”的目的。《居官日省录》中就提出了“不打五条”“禁打三条”“莫轻打六条”“勿就打五条”“且缓打五条”“莫又打三条”“应打不打三条”“怜不打三条”“不可打三条”等内容,其中许多规则便是基于慎刑恤刑之精神提出的。例如,“不打五条”包括老不打、幼不打、病不打、衣食不给不打、人打我不打这五条。这主要是基于恤

---

① 参见王若时:《“慎刑”原则在清朝秋审中区分“实”、“缓”的运用》,载《法律适用》2019 年第 18 期。

② 《居官寡过录》卷二《慎狱刍言》。

③ 《健余先生抚豫条教》卷一《饬戒滥刑》。

刑的考虑,对于老、幼、病、贫以及被打受伤者予以宽免。又如,“勿就打”是指在人急、人忿、人醉、人随行远路、人犯远路擒来这五种情形下不要马上行刑,否则容易将其打伤致命。“且缓打”则是针对官员而言的,提醒官员在审判过错中,愤怒、喝醉、生病、不明真相、难以决断之时不能对犯人施刑,以免酿成冤案或造成悲剧。此外,“莫又打”是指犯人已经受到桚刑、夹棍、枷号后,不能用刑,避免导致犯人重伤不治。“怜不打”是指在盛寒酷暑的恶劣天气下、节庆日子里、犯人遇到家人去世等悲痛事件时,均不对其用刑。“不可打”中除了规定在祈祷晴雨期不能打外,另外两条是对残疾人和孕妇的保护,以示体恤。①

此外,《平平言》中除了重申上述不可打的内容外,还指出不得滥用非刑拷打,不要轻易使用夹棍和重枷,掌嘴时要护住对方的耳根处,即便是施以笞杖刑也要慎重等。②

---

① 参见《居官日省录》卷二《祥刑》。

② 参见《平平言》卷四。

士师感怀

(皋陶任士师,罪犯被杀后,皋陶珠泪双流,众人不解。皋陶说:"百姓犯法,往往是为生活所迫,主要是没有法治的教育,这是我们当政者的过错! 这样的事发生在我的封地,我能不内疚吗?"民众听后,无不感颂皋陶仁德。画面描绘的内容就是这个故事)

第三节 德法并用，明刑弼教

根据《尚书·大禹谟》的记载，皋陶曾明确提出“明于五刑，以弼五教”的观点，而后世也展开了对于道德教化与刑罚适用间关系的进一步思考与实践。

汉代的董仲舒结合阴阳学说，提出了“德主刑辅”理论：“天之任阳不任阴，好德不好刑，如是。故阳出而前，阴出而后，尊德而卑刑之心见矣。阳出而积于夏，任德以岁事也；阴出而积于冬，错刑于空处也……”[①]根据他的观点，治理国家要以德为主，以刑为辅，即强调道德教化，主张以“仁德”代替严刑，但对于恶行不改的人要施以刑罚。

唐代也延续了这种“德主刑辅”的观点。《唐律疏议·名例律》中明确指出：“德礼为政教之本，刑罚为政教之用，犹昏晓阳秋相须而成者也。”[②]也就是说，道德教化与法律适用都是治理国家的基本手段，两者相辅相成，就如同黄昏与拂晓、春天和秋天一样相互作用。其中，“德礼”处于主导地位，发挥根本性的作用；而“刑罚”处于辅助地位，只是一种手段。

值得注意的是，这里的“德”主要是针对统治者而言的，指的是统治者应当以宽仁治理天下，加强自我克制。“礼”则是指对百姓进行纲常礼教的教育，从而正确地引导百姓。[③]《贞观政要·论政体》中记录了唐太宗李世民与魏征的一段对话，对教化百姓的重要性进行了讨论：

---

① 《春秋繁露》卷一二。

② 《唐律疏议·名例律》。

③ 参见叶孝信、郭建主编：《中国法制史》（第3版），复旦大学出版社有限公司2017年版，第101页。

> 贞观七年，太宗与秘书监魏征从容论自古理政得失，因曰："当今大乱之后，造次不可致化。"征曰："不然，凡人在危困，则忧死亡；忧死亡，则思化；思化，则易教。然则乱后易教，犹饥人易食也。"太宗曰："善人为邦百年，然后胜残去杀。大乱之后，将求致化，宁可造次而望乎？"征曰："此据常人，不在圣哲。若圣哲施化，上下同心，人应如响，不疾而速，期月而可，信不为难，三年成功，犹谓其晚。"太宗以为然。封德彝等对曰："三代以后，人渐浇讹，故秦任法律，汉杂霸道，皆欲化而不能，岂能化而不欲？若信魏征所说，恐败乱国家。"征曰："五帝、三王，不易人而化。行帝道则帝，行王道则王，在于当时所理，化之而已。考之载籍，可得而知。昔黄帝与蚩尤七十余战，其乱甚矣，既胜之后，便致太平。九黎乱德，颛顼征之，既克之后，不失其化。桀为乱虐，而汤放之，在汤之代，既致太平。纣为无道，武王伐之，成王之代，亦致太平。若言人渐浇讹，不及纯朴，至今应悉为鬼魅，宁可复得而教化耶？"德彝等无以难之，然咸以为不可。太宗每力行不倦，数年间，海内康宁，突厥破灭，因谓群臣曰："贞观初，人皆异论，云当今必不可行帝道、王道，惟魏征劝我。既从其言，不过数载，遂得华夏安宁，远戎宾服。突厥自古以来常为中国劲敌，今酋长并带刀宿卫，部落皆袭衣冠。使我遂至于此，皆魏征之力也。"①

从这段对话中可以看出，唐太宗还是认同了魏征的意见，主张实施教化。当时，许多人认为上古尧舜禹之后，百姓的思想混乱，无法通过教化施行大治，只有依靠法律才能建立有效的统治秩序。

---

① 《贞观政要·论政体》。

但魏征指出，人在颠沛流离之际，便会害怕死亡，害怕死亡，则会怀念那种有教化的社会秩序，而正是基于这种怀念之情，人们更容易接受教化，这就好比饥饿的人更渴望食物一样，经历过战乱的人们也会如饥似渴地接受教化。唐太宗按照魏征的建议广泛地实施教化，最终取得了良好的效果，实现了百姓安居、万邦来朝的盛世。

至宋代，以朱熹为代表的学者对“明刑弼教”的观点展开了更为系统的分析，并赋予其新的含义。朱熹首先对当时普遍存在的轻视、贬低法律地位与作用的现象提出驳斥：“法家者流，往往常患其过于惨刻。今之士大夫耻为法官，更相循袭，以宽大为事，于法之当死者，反求以生之。殊不知‘明于五刑，以弼五教’，虽舜亦不免。教之不从，刑以督之，惩一人而天下人知所劝戒，所谓‘辟以止辟’；虽曰杀之，而仁爱之实已行乎中。今非法以求其生，则人无所惩惧，陷于法者愈众；虽曰仁之，适以害之。”①朱熹认为，官员一味地强调道德教化的作用，对于犯罪者予以宽大处理，而忽视法律与刑罚的效果，表面上是存在仁爱之心，实际上是放纵了他们的罪行，使人们无法得到教育。刑罚确实存在其残酷性，但“惩一人而天下人知所劝戒”，其实际上扮演了惩戒者的角色，是一种真正意义上的仁爱。进而，朱熹指出，即便是古代的圣贤也并没有只讲教化而忽视刑罚：“如何说圣人专意只在教化，刑非所急？圣人固以教化为急。若有犯者，须以此刑治之，岂得置而不用！”②

既然法律与刑罚处于不可或缺的地位，那么“德礼”与“刑罚”之间是否为一种主从关系呢？从朱熹的表述中可以看出，他显然认为二者居于同等的地位。“若夫道德性命之与刑名度数，则其精粗本末，虽若有间，然其相为表里，如影随形，则又不可得而分别

① 《朱子语类·尚书一》。
② 《朱子语类·尚书一》。

也。”[①]“圣人亦不曾徒用政刑；到德礼既行，天下既治，亦不曾不用政刑。故书说‘刑期于无刑’，只是存心期于无，而刑初非可废。”[②]

进而，朱熹以皋陶“明刑弼教”的做法为切入点，对“明刑弼教”的观点予以进一步阐发，可见如下内容：

> 臣闻昔者，帝舜以百姓不亲，五品不逊，而使契为司徒之官，教以人伦：父子有亲，君臣有义，夫妇有别，长幼有序，朋友有信。又虑其教之或不从也，则命皋陶作士，明刑以弼五教，而期于无刑焉。盖三纲五常天理民彝之大节，而治道之本根也。故圣人之治，为之教以明之，为之刑以弼之。虽其所施或先或后，或缓或急，而其丁宁深切之意，未尝不在乎此也。乃若三代王者之制，则亦有之曰：凡听五刑之讼，必原父子之亲、立君臣之义以权之。盖必如此，然后轻重之序可得而论，浅深之量可得而测，而所以悉其聪明，致其忠爱者，亦始得其所，施而不悖此先王之义刑义杀。所以虽或伤民之肌肤，残民之躯命，然刑一人而天下之人耸然不敢肆意于为恶，则是乃所以正直辅翼而若其有常之性也。后世之论刑者，不知出此，其陷于申商之刻薄者，既无足论矣。至于鄙儒姑息之论、异端报应之说、俗吏便文自营之计，则又一以轻刑为事然，刑愈轻而愈不足以厚民之俗，往往反以长其悖逆作乱之心，而使狱讼之愈繁，则不讲乎先王之法之过也。臣伏见近年以来，或以妻杀夫，或以族子杀族父，或以地客杀地主，而有司议刑卒从流宥之法。夫杀人者不死，伤人者不刑，虽二帝三王不能以此为治于天下，而况于其系于父子之亲、君臣之义、三纲之重，又非凡人之比者乎。然臣非

---

① 《晦庵集》卷七〇。

② 《朱子语类·尚书一》。

敢以此之故，遂劝陛下深于用法，而果于杀人也。但窃以为，诸若此类涉于人伦风化之本者，有司不以经术义理裁之，而世儒之鄙论、异端之邪说、俗吏之私计得以行乎其间，则天理民彝几何不至于泯灭，而舜之所谓无刑者，又何日而可期哉！故臣伏愿陛下深诏中外司政典狱之官，凡有狱讼必先论其尊卑、上下、长幼、亲疏之分，而后听其曲直之辞。凡以下犯上、以卑凌尊者，虽直不佑，其不直者罪加凡人之坐。其有不幸至于杀伤者，虽有疑虑可悯而至于奏谳，亦不许辄用拟贷之例。又诏儒臣博采经史以及古今贤哲议论及于教化刑罚之意者，删其精要之语聚为一书，以教学古入官之士与凡执法治民之官，皆使略知古先圣王所以勅典敷教、制刑明辟之大端，而不敢阴为姑息果报便文之计，则庶几有以助成世教，而仰称陛下好生恶死、期于无刑之本意。①

从上述内容可知，朱熹从三个方面对“明刑弼教”问题进行了阐述：其一，朱熹重申了道德教化与法律适用都是治理国家的基本手段，且两者居于同等地位。其指出舜帝时创制“五伦”的基本社会秩序，又命皋陶担任“士”，创制法律和刑罚，保证人们遵循三纲五常的基本伦理，受到教化。同时，朱熹并不同意“先教后刑”这种观点，而是指出两者并无先后顺序：“故圣人之治，为之教以明之，为之刑以弼之。虽其所施或先或后，或缓或急，而其丁宁深切之意，未尝不在乎此也。”其二，朱熹认为刑罚的实施并不违背“义刑义杀”的本意，虽然刑罚对犯罪者而言具有残酷性，但能够通过对个别犯罪的惩处起到警示作用，使人们不再为非作歹，逐渐归于正道，那么刑罚本身也是符合仁义的。正所谓：“刑一人而天下之人

① 《晦庵集》卷一四。

耸然不敢肆意于为恶，则是乃所以正直辅翼而若其有常之性也。”其三，若过度宽宥犯罪，而不依据法律规定施以相应刑罚，则非但不能起到教化民众的作用，反而会使罪犯有恃无恐，使人们纷纷效仿，从而造成社会混乱。因此，朱熹认为，对于那些危害人伦纲常、破坏社会秩序的严重犯罪行为，统治者绝对不能姑息，应当依照法律规定严格实施刑罚，从而最终实现“无刑”的效果。

明太祖朱元璋是贯彻“明刑弼教”的典范，其明确提出“明礼以导民，定律以绳顽”[①]的观点，即在强调对民众进行道德教化的同时，用法律严惩冥顽不灵的恶徒。

朱元璋这种“明刑弼教”的思想也在实践中得到了贯彻。一方面，明朝对于严重影响统治秩序的罪行予以严厉打击，试图通过严刑的设置使民众不敢轻易触犯法律。其中最具“明朝特色”的便是“大诰”的制定。所谓“大诰”，是指朱元璋在洪武十八年至洪武二十年（公元1385—1387年）陆续颁布的四部文告集合，包括《御制大诰》《御制大诰续编》《御制大诰三编》《大诰武臣》。大诰中的内容涉及社会生活的各个方面，主要是通过颁布案例、法令来训诫臣民；且大诰中所规定的刑罚较重，往往施以五刑以外的刑罚，甚至是一些早已废弃的酷刑，如族诛、枭首、断手、斩趾、刖足、墨面文身、挑筋去膝盖、阉割为奴等。[②] 例如，《御制大诰续编》中有如下规定：“今后敢有一切闲民，信从有司，非是朝廷设立应当官役名色，而于私下擅称名色，与不才官吏同恶相济，虐害吾民者，族诛。若被害告发，就将犯人家财给予首告人。有司凌迟处死。”[③]

另一方面，明朝创设了许多加强教化的治理方式。例如，朱元璋下令在全国设立“申明亭”，用于张贴朝廷文告，并公布本地受到

---

① 《明史·志》卷六九。

② 参见（清）沈家本撰：《历代刑法考》，邓经元、骈宇骞点校，中华书局1985年版，第1899～1947页。

③ 《御制大诰续编·闲民同恶第六十二》。

处罚的人员姓名及罪错内容。与其相对应，各地还设立了“旌善亭”，定期公布本地的好人好事以及孝子顺孙、贞洁烈妇事迹。又如，朱元璋还推行儒家经典所记载的西周“乡饮酒礼”。按照规定，每年正月十五和十月初一，州县长官亲自主持“乡饮酒礼”，向当地德高望重的人敬酒；与此同时，有过错的人被要求到场聆听、悔过。此外，朱元璋还亲自制定了六条圣谕，在民间传诵，以此教化民众：孝顺父母，尊敬长上，和睦乡里，教训子孙，各安生理，毋作非为。①

到了清代，统治者更加主张教化为先。康熙帝专门制定了“圣谕十六条”，试图教化民众：“朕惟至治之世，不以法令为亟，而以教化为先。其时人心淳良，风俗朴厚，刑措不用，比屋可对，长治久安，茂登上理。盖法令禁于一时，而教化维于可久。若徒恃法会而教化不先，是舍本而务未也。近见风俗日敝，人心不古，嚣凌成习，僭滥多端，狙诈之术日工，狱讼之兴靡已。或豪富凌轹孤寒，或劣绅武断乡曲，或恶衿出入衙署，或蠹棍诈害善良。萑苻之劫掠时闻，仇忿之杀伤叠见。陷罹法网，刑所必加，诛之则无知可悯，宥之则宪典难宽。念兹刑辟之日繁，良由化导之末善。朕今欲法古帝王，尚德缓刑，化民成俗，举凡敦孝弟以重人伦，笃宗族以昭雍睦，和乡党以息争讼，重农桑以足衣食，尚节俭以惜财用，隆学校以端士习，黜异端以崇正学，讲法律以儆愚顽，明礼让以厚风俗，务本业以定民志，训子弟以禁非为，息诬告以全良善，诫窝逃以免株连，完钱粮以省催科，联保甲以弭盗贼，解仇忿以重身命。以上诸条，作何训迪劝导，及作何责成内外文武该管各官督率举行，尔部详察典制，定议以闻。”②

至雍正朝时，清廷还专门颁布了《圣谕广训》，对圣谕予以进一

---

① 参见叶孝信、郭建主编：《中国法制史》（第3版），复旦大学出版社有限公司2017年版，第188～189页。

② 《清圣祖实录》卷三四。

步的解释，并促进其传播和宣讲。从清代官箴书中的相关记载可以看出，各地都积极开展圣谕的宣讲活动。例如，“凡教化，皆须以身，一切伦常根本大端细务，上为之以道，下未有不闻者，闻之未有不悦者，此感应之机也。次须为文，处处贴示，縻曲告谕。又各乡堡择有品望士人，立为中正，十日为讲圣谕广训，亦间召百姓于邑隍庙，或亲到乡为泛说切身道路。其有民善行素著者，访知则奖励之，恶行久彰者，访知亦戒饬之，民非甚愚，吾未见其难晓也”①。又如《福惠全书》中指出：“兹若我皇上上谕十六条，其词约旨深，夫非与虞书帝典并垂于不朽欤！其闲敦伦重本，睦族和乡，与夫崇教化以隆风俗，谨法令以保身家，自家庭而及党里，由一己而推之天下，无不以君子长者之道待其民，而欲使天下之民无不以君子长者之道自待……康熙九年奉旨颁行，内外文武、该管各官督率举行，而浙抚陈公辑为直解，使各府州县以及乡村人等切实遵奉讲解，又何患治化不懋登上理，而俗不丕臻于纯美乎？……由是讲读上谕之后，兼行纠劝之法，使民闻圣主之言，感道德之教，而咸化于善，使民知朝廷之意，明善恶之辨，而总归于仁，则庶几良法美意兼举之而无遗矣。”②

《州县事宜》中则提出，在宣讲圣谕的同时要进行一定的“普法”工作，从而实现明刑弼教的效果：“伏读圣祖仁皇帝圣谕十六条，大哉王言，化民成俗。六十载熙皞从风，千百国梯航向义，良有由也。恭逢我皇上承天立极，法祖施仁，乃于万几余暇，阐发精微，昭垂广训，其所以正人心，端世教者。剀切详明，巨细毕举，此诚天下率由之旧章，万世遵循之宝鉴也。又悯小民无知犯法，特命刊示律条，使之家喻户晓，庶几革面洗心，仰见皇上保赤之怀，提撕警觉，仁至义尽，有加无已。凡为州县者，父母斯民，首先教导，每遇

① 《居官寡过录》卷一《教化》。

② 《福惠全书》卷二五《教养部一·讲读上谕》。

朔望两期，务须率同教官佐贰杂职各员，亲至公所，齐集兵民，敬将圣谕广训逐条讲解，浅譬曲喻，使之通晓，并将所刊律条亦为明白宣宗，俾知凛惕。至于四外乡村，不能分身兼到者，则遵照定例，在于大乡大村设立讲约所，选举诚实堪信、素无过犯之绅士，充为约正，值月分讲；印官仍不时亲往查督，以重其事。总之宣讲时，必要州县官先有一段实心，认定此事不是虚文，谆谆然如父之教子，如师之诲弟，恳切往复，津津不倦，然后精诚浃洽。百姓环听之下，亦自触动天良，悦于耳，得于心，民日迁善。诚有不知其为之者，若但视为习套，朔望之辰，鸣锣张盖。前诣城隍庙中，公服端坐，不出一语，视同木偶。而礼生绅士，请诵圣谕一遍，讲不晰其义，听不得其详，官民杂沓，哄然各散，上无以扬圣天子启牖斯民之化，下无以振众百姓观感自新之风。此俗吏之苟且因循，所谓尸位而素餐者也。贤有司励志功名，将为朝廷宣德意，加惠元元，可不于此知所重哉。”①

从上述内容可知，其先指出了圣谕的重要性，需要安排好宣讲圣谕和公布法律的工作。在具体宣讲圣谕时，州县官员要亲自主持，清晰讲解，使百姓知晓。而对于乡村地区，州县官员需要设立讲约所，选派德高望重的士绅担任约正进行宣讲；且州县官员要经常前往，予以监督。此外，宣讲工作不能流于形式，要真正发挥教化民众的作用。

还有官员对于宣讲圣谕有功的民众奖励花红、匾额，予以表彰：“照得教化之本，劝善为先。劝善之方，乡愚为亟。广州人文蔚起，甲于通省，而近来盗贼繁多，讼狱滋兴，且番东等县亦不免有械斗掳赎之习，是殆父兄之教不先、子弟之率不谨耶。抑亦守斯土者失教之咎也，本府于上年春下车之始，先于府署头门捐廉延聘儒生，设立讲案，逐日宣讲圣谕广训及各种先正格言、果报善书，复于省佛石龙各埠设立讲案三处，并颁发条例，通饬南番等十四县督率

① 《州县事宜·宣讲圣谕律条》。

所属官绅，于城乡墟市广设讲案，延聘老成笃实、口音清亮之儒生作为讲生，逐日开讲。现据各该县陆续报称，共设有一百八十一所，有官为捐廉倡设者，有提支地方公项举办者，有绅士捐资倡率者，有公局绅士轮流开讲者，有乡耆自行开讲不受脯金者。良以好善之心为人所同，而劝善之举又诸绅士所乐与有成者也，本府甚嘉尚焉。前据顺德县转据紫泥司巡检禀称，大洲乡讲生文童黄孙兰年近古稀，认真讲解，特给匾额一方，花红一副，以示鼓励。现又将各属讲生姓名、出身通报各大宪立案，用垂久远。该讲生等务宜逐日将圣谕广训及先正格言、阴骘果报等书常川宣讲，总以讲解明白切近，使妇孺亦欣然得解为主，勿始勤终怠，勿虚应故事……尔等今日为人讲阴骘，他日即自已获果报，功孰大于此耶？善孰甚于此耶？特行申谕，嗣后各属讲生，如有实心讲解众情悦服者，准由地方官随时禀请，给予花红、匾额，以奖劝之。本府为地方求善治，该讲生为本府劝善言，能尽一分心，必能获一分效。从此父诏兄勉，辗转传导，俾恶者改行为善，善者益勉为善，地方之福，本府之望也。此谕。”①

有的官员甚至根据圣谕的内容创制了通俗易懂的劝戒歌，并将此歌抄录发放，要求各地学塾将其作为启蒙读物进行学习传播，内容如下：

劝尔民。要孝弟。百行此为根本计，常念亲恩大似天，手足情深须切记。

劝尔民。要诵读。读书岂但求科目，但教人识数行书，气质平和能载福。

劝尔民，要力作。三时劳苦充囊橐，全家衣食可无忧，偶遇荒年亦安乐。

---

① 《从公三录·讲生谕》。

劝尔民,要树木。尽将闲地成林麓,栽培不过十年间,到处多材取用足。

劝尔民,要教子。子肖自当家业起,稍失防闲便破家,万顷田园何足恃。

劝尔民,要守分。须把良心常自问,士农工贾有专门,不义之财有报应。

劝尔民,要睦族。同为一本须联属,倘因小事到公庭,尔祖尔宗都玷辱。

劝尔民,要和邻。同居异姓亦相亲,偶然小忿须容忍,势孤同里作仇人。

劝尔民,要行善。逢人到处行方便,救灾恤患是阴功,胜诵弥陀千万遍。

劝尔民,遵九劝。浅近之言皆至论,此事人人都可行,日望尔民如我愿。

戒尔民,勿抗粮。早完国课得安康,莫待奏销期限迫,追呼连日到家乡。

戒尔民,勿健讼。小忿岂同仇不共,讼得赢来累已多,那知能忍常受用。

戒尔民,勿唆讼。律法从来分首从,收呈先究主谋人,新例加严不稍纵。

戒尔民,勿诬赖。须知反坐罪名大,纵逃国法有天诛,到底害人还自害。

戒尔民,勿争斗。逞强往往难宽宥,试看世间凶恶人,轻则徒流重监候。

戒尔民,勿习匪。虽善藏头终露尾,一经发觉定遭刑,法网能逃曾有几。

戒尔民,勿诓骗。鼓舌摇唇虽善变,举头三尺有神明,莫谓奸谋人不见。

戒尔民，勿嫖赌。无论被拘到官府，废时失业耗家赀，因此便成破落户。

戒尔民，勿奢侈。唐魏遗风须继美，莫教从此渐纷华，转眼饥寒空到底。

戒尔民，遵九戒。不肯奉持终必败，千言万语括其中，警惕时加心莫懈。①

此外，还有官员设置了"善恶簿"，以记录当地百姓受教化后的情形，并分别奖励、惩戒："凡城乡村族讲约所须，置劝善纠恶二簿。劝善簿红面页，纠恶簿黑面页。每讲读毕，约讲与在事人及首领、绅衿、长老，各举某人行某孝、行某弟、作某善事、拯救某人患难、赒恤某人贫苦，或妇人女子某为节、某为烈，俱要实迹公同，开载劝善簿内。小善则约讲等亲诣其家而奖劝之，大善则于四季月终具呈，仍开造事实册结，投报州县。如某人行某忤逆不孝、某人行某悖乱不悌、作某恶事、欺凌某人、强占某人财物及奸宄不法事，俱要实迹公同，开载纠恶簿内。小过则约讲等传其父兄至所而□饬之，大恶则于四季月终具呈仍开造事实册结，投报州县。如有恃强隐庇，不许约讲填报，及约讲填报不公者，本州岛县访查出或经首告，定以违法申惩拿究。本州岛县官四孟在城定某吉讲读，先期传集四乡约讲、村长、族尊代约讲者，于讲读日黎明俱于城中讲所伺候。其所举报善恶之人，恶者于开报之时立行差拘究惩，务于本处示众。如须对众惩处者，或寄监仓，俟讲读毕对众发落，使观者知警，仍书其所为榜于其门。俟有改过自新实迹，去之。果更有善，犹当表之。其善者亦先期传知，于讲读毕对众奖励，或花红酒果，鼓乐导送，或给匾旌表其门；如妇女节烈，仍令绅衿族长里耆公举，照例申请题旌。有应奖而不合例者，本州岛县榜异之。"②

---

① 《居官日省录》卷二《附丁丽生先生劝戒各十歌》。

② 《福惠全书》卷二五《教养部一・置善恶簿》。

皋陶辅政

（此图的内容为皋陶和禹在商谈如何治理部落）

第四节　知人以德,修身为官

在《尚书·皋陶谟》中,皋陶曾明确提出了德治的基本治国方略,即“允迪厥德,谟明弼谐”;而实现德治的前提是君主本身通过修身从而具备高尚的道德品质,继而再将这种德行推及越来越多的人,与具有德行的人一起治理天下,即所谓“慎厥身,修思永。惇叙九族,庶明励翼,迩可远在兹”。因此,君主在选用官员时应当“知人”,官员要符合皋陶所提出的“九德”的判断标准。换言之,只有注重修身、具备德行之人才能够担任相应的职务,进而治理社会,并把德行继续传播开来。这种知人以德、修身为官的思想在后世得以继承,并进一步发扬。

《大学》中一段耳熟能详的内容就体现出这一思想:“古之欲明明德于天下者,先治其国;欲治其国者,先齐其家;欲齐其家者,先修其身;欲修其身者,先正其心;欲正其心者,先诚其意;欲诚其意者,先致其知。致知在格物。物格而后知至,知至而后意诚,意诚而后心正,心正而后身修,身修而后家齐,家齐而后国治,国治而后天下平。自天子以至于庶人,壹是皆以修身为本。其本乱而末治者,否矣。其所厚者薄,而其所薄者厚,未之有也。”经过格物、致知、诚意、正心、修身、齐家、治国、平天下这八个环节,层层递进,人们才能实现天下的大治,而其关键便在于通过不断的学习来提高自己的德行。

实际上,中国传统社会的各个朝代对于官员的德行都有相应的要求和制度设置。《周礼·天官冢宰·小宰》中记载了“以听官府之六计,弊群吏之治。一曰廉善,二曰廉能,三曰廉敬,四曰廉正，五曰廉法，六曰廉辨”，[①]可知当时从六个方面考察官员的德行。

秦朝也对做官之人提出了道德上的要求。如《睡虎地秦墓竹简》中有一篇名为《为吏之道》，开篇就提出：“凡为吏之道，必精洁正直，慎谨坚固，审悉毋私，微密纤察，安静毋苛，审当赏罚。严刚毋暴，廉而毋刖，毋复期胜，毋以忿怒决。宽容忠信，和平毋怨，悔过勿重。慈下勿陵，敬上勿犯，听谏勿塞……”[②]这就意味着，秦朝做官的基本要求包括清廉正直、谨慎坚毅、毫无偏私、明察秋毫、赏罚得当等。继而，该篇又阐述了考察官员的“五善”“五过”等具体标准。其中“五善”主要就是对官员德行的相关要求：“吏有五善：一曰忠信敬上，二曰清廉毋谤，三曰举事审当，四曰喜为善行，五曰恭做多让。五者毕至，必有大赏。”[③]由此可知，忠诚、信用、廉洁、谨慎、勤勉等品德都是考察官员德行的重要内容。

汉代的征辟和察举制度也反映了对于官员德行的重视。征辟就是中央直接选取社会上德高望重之人担任官员；而察举是指每年由各地向中央推荐人才授官任职，以“举孝廉”为主。举孝廉的制度是在汉武帝时期成为定制的。根据《汉书·武帝纪》记载，汉武帝在“元光元年冬十一月，初令郡国举孝廉各一人”[④]。而到了元朔元年（公元前 128 年），由于各地并不积极推行该制度，汉武帝便下诏，要求各地必须每年向朝廷举孝廉，否则视为有罪，从而正式将其确定下来。

在诏书中，汉武帝说道：“公卿大夫，所使总方略，壹统类，广教化，美风俗也。夫本仁祖义，褒德禄贤，劝善刑暴，五帝、三王所由

---

① 《周礼·天官冢宰·小宰》。

② 睡虎地秦墓竹简整理小组编：《睡虎地秦墓竹简》，文物出版社 1990 年版，第 167 页。

③ 睡虎地秦墓竹简整理小组编：《睡虎地秦墓竹简》，文物出版社 1990 年版，第 168 页。

④ 《汉书·武帝纪》。

昌也。朕夙兴夜寐，嘉与宇内之士臻于斯路。故旅耆老，复孝敬，选豪俊，讲文学，稽参政事，祈进民心，深诏执事，兴廉举孝，庶几成风，绍休圣绪。夫十室之邑，必有忠信；三人并行，厥有我师。今或至阖郡而不荐一人，是化不下究，而积行之君子雍于上闻也。二千石官长纪纲人伦，将何以佐朕烛幽隐，劝元元，厉蒸庶，崇乡党之训哉？且进贤受上赏，蔽贤蒙显戮，古之道也。其与中二千石、礼官、博士议不举者罪。"①

在汉武帝看来，公卿大夫的职责主要是制定方针战略，统一指挥行为，广泛施以教化，转变社会风气。而具体的措施应当是以仁义为标准来褒扬有德之士，启用贤良之人，鼓励向善，惩治不法；这实际上就是上古时期所采取的治国经验。因此，要想实现国家大治，就必须发掘这些贤德之士，协助君主治理国家，这也就是汉武帝推行孝廉的初衷。如果一个郡都推选不出一个贤良之人、道德楷模，那一定是当地没有深入地推行教化、施行德政，那么必然是官员没有履行好自己的职责。故而，今后二千石的官员、礼官以及博士不察举贤德之人的，就被认定有罪，需要予以惩处。由此，察举制度在汉代成为定制。

至东汉时规定"四科取士"："一曰德行高妙，志节清白；二曰学通行修，经中博士；三曰明达法令，足以决疑，能按章复问，文中御史；四曰刚毅多略，遇事不惑，明足以决，才任三辅令，皆有孝弟廉公之行。"②其中最关键的仍是官员的德行。

在唐代，《唐六典》对官员考核作了详细的规定，其中最主要的是"四善"与"二十七最"。所谓"四善"便是对官员德行的考察，也是所有官员应当具有的基本品质："……一曰德义有闻，二曰清慎

① 《汉书·武帝纪》。

② 《后汉书·孝和孝殇帝纪》。

明著，三曰公平可称，四曰恪勤匪懈。”①而“二十七最”是指在具体工作中二十七项不同事务的评判标准，是对官员工作能力提出的要求。通过将上述标准相结合的方式，朝廷试图保证所任用的官员都能达到德才兼备的理想状态。

明清时期对于官员考核的标准进一步细化，而对于德行的重视丝毫没有改变。以清代为例，清廷对官员的考核制度按照京官与外官分为“京察”与“大计”，即“考群吏之治，京官曰‘京察’，外官曰‘大计’”②。官员每三年考核一次，考核的标准主要为“四格”与“八法”。

“四格”指的是考察官员的四个方面，包括才、守、政、年。顺治三年（公元1646年）规定：“外官大计，凭各直省督抚核实官评，分别汇题，吏部会同都察院吏科河南道详加考察，分别奏请，填注考语，用才守政年四格，才则或长或平或短，守则或清或平或浊，政则或勤或平或怠，年则或青或中或老，其考语务按人指事，应去应留，明白直书，不得铺叙繁文，徇情毁誉。”③由此可知，“大计”考核就是要考察各地官员的才能高低、清廉与否、勤政程度、年纪大小这四项内容。同样，在“京察”中也适用“四格”，并重点挑选出称职、勤职、供职这三等官员。如乾隆五年（公元1740年）规定：“京察四格，务须切实注明。如守清、才长、政勤、年或青或壮或健，称职者，列为一等。守谨、或政勤才平、或才长政平、年或青或壮或健，勤职者，列为二等。守谨、才政皆平、或才长政勤而守平、年或青或壮或健，供职者，列为三等。于此四格之外，再加确实考语。如列在一等，而才守政年及称职等字样。不遵定例开注者，考察时，即将该员照所注字样，改列等次，毋庸驳查。其应行议处者，必将应去之

① 《唐六典》卷二。

② 《钦定大清会典》卷一一。

③ 《清会典事例·吏部·处分例》（光绪朝）卷八〇《大计统例》。

处注明。二等三等人员,均以应留造册。至新任未试、未经到任官员,别具一册,亦并咨送吏部、都察院、吏科、河南道,分缮黄册进呈。"①

而"八法"是指需要对官员予以处分的八种情形,包括贪、酷、罢软无为、不谨、年老、有疾、浮躁、才力不及。如果官员存在上述表现,就会面临被降级、革职甚至按律定罪的结局。根据《钦定大清会典事例》的规定,清廷对考核中存在"八法"情形的官员所施以的处分如表1、表2所示。② 从其规定可以看出,清廷对官员的处分逐渐加重。以"京察"为例,对于罢软无为、素行不谨的官员,顺治十三年(公元1656年)时,还只是规定"给予顶戴闲住",而康熙元年(公元1662年)之后,便一律革职为民了;而对于做事浮躁或才力不及的官员,原本只是降一级调用,但康熙九年(公元1670年)之后,就分别加重为降二级调用和降三级调用了。这里还需注意的是,在乾隆二十四年(公元1759年),清廷要求对于贪、酷的官员加重处罚,随时题参处置,从而将"八法"改为"六法":"各省犯贪、酷官员,该督抚随时题参,不计入典,革职提问,永不叙用。其年老、有疾、罢软无为、才力不及、不谨、浮躁六法等官,仍照例议处。"③

---

① 《清会典事例·吏部·处分例》(光绪朝)卷七九《各衙门所属官员笔帖式等京察》。

② 参见《清会典事例·吏部·处分例》(光绪朝)卷七八《京察统例》;《清会典事例·吏部·处分例》(光绪朝)卷七九《各衙门所属官员笔帖式等京察》;《清会典事例·吏部·处分例》(光绪朝)卷八〇《大计统例》。

③ 《清会典事例·吏部·处分例》(光绪朝)卷八〇《大计统例》。

表 1　清代"京察"官员"八法"处分规定

时　间	贪、酷	罢软无为、不谨	年老、有疾	才力不及	浮躁
顺治十三年	革职	给予顶戴闲住	致仕	降一级调用	降一级调用
康熙元年	革职拿问	革职为民	致仕	降一级调用	降一级调用
康熙九年	革职拿问	革职为民	致仕	降二级调用	降三级调用

表 2　清代"大计"官员"八法"处分规定

时　间	贪、酷	罢软无为、不谨	年老、有疾	才力不及	浮躁
顺治九年	革职提问	革职	致仕	酌量降补	酌量降补
康熙九年	革职提问	革职	致仕	降二级调用	降三级调用

从"四格"和"八法"的规定可以看出,清代仍然对官员的德行提出了较高的要求,如为官要清廉、勤勉,不能浮躁、残酷,也不能怠于政务、碌碌无为。与此同时,清廷对于一些违背官员修身准则的行为予以禁止;通过行政处分甚或清律规范,对官员实施管控。例如,雍正三年(公元 1725 年)制定的条例明确禁止官员参与赌博,若官员与属员进行赌博活动,则要被革职治罪:"若官员无论赌银钱饮食等物,有打马吊、斗混江及与属员斗牌掷骰为乐者,皆革职治罪,永不叙用。至官员赌博,县属职官,责之知县,府属职官,责之知府,知府责之司道,司道责之督抚。如明知属官犯赌,不行揭参,别经发觉者,将专责之员照徇庇例降三级调用;如止系失察属官犯赌,系同城者,将专责之官降一级留任,不同城者,罚俸一年,其已经揭参者免议。"①又如,对于官员嫖娼的行为,《大清律例》中也有专门的条文"官吏宿娼"予以规制:"凡文武官吏宿娼者,

① 《清会典事例·吏部·处分例》(光绪朝)卷一三一《赌博》。

杖六十。挟妓饮酒亦坐此律。媒合人，减一等。若官员子孙，文承荫，武应袭，宿娼者，罪亦如之，附过，候荫袭之日，降应受本职一等，于边远叙用。”①这些都体现朝廷对官员秉持德行、注重修身的要求。

此外，官箴书也反复强调官员修身与德行的重要性，其中最为重要的品质被概括为三点：清、慎、勤，即居官应当清廉、谨慎、勤勉。如《平平言》中云：“晋司马炎居官三字诀：曰清、曰慎、曰勤。真西山先生云：士大夫万分廉洁，止是小善，一点贪污，便为大恶。三字之中，自以清为第一义。官如不清，虽有他美，不得谓之好官。然廉而不慎，则动静云为，必多疏略；廉而不勤，则政事纷繁，必多废弛，仍不得谓之好官。”②

《牧令须知》也指出：“当官之法，惟清慎勤三字，宋吕文清之官箴也，亦今时居官者所习知而能言者也。”继而对清、慎、勤予以解释：“所谓清者，了然于义理之辨，绝去乎物欲之私，洁其心以事君。知有国而不知有家，专其念以任职。不好利亦不好名，不以身家妻子纷其念，并不以毁誉得失扰其神。念清则神清，神清则心清。水之清者物可鉴，心之清者理自明……所谓慎者，立身不愧于影衾，图事必审其终始。事事为小民计身家，勿以喜怒恣威福；处处若鬼神之临鉴，勿以幽独昧天良。堂上一点朱，民间千点血。知闾阎之利害如此，而一言一动，不敢不慎，况拖累株连于有意乎……所谓勤者，视国事如家事，时切绸缪未雨之思；视小民如儿孙，恒怀痛痒相关之念。虑传唤候质之废吾工作也，则审理不得不勤；虑饮博邪教之诱吾子弟也，则查禁不得不勤；虑旱潦之害吾禾稼也，则治水利不得不勤；虑盗贼之劫吾资财也，则筹保御不得不勤。身在一方之责，凡境内之土地人民，苦乐休戚，何莫非吾家内身内之事，念之

① 《大清律例》。

② 《平平言》卷一。

者切，则所以图之者自无不勤……清慎勤三字，分而观之，其义各有所在，合而论之，其源实由一心，为牧令者果能视国犹家，视民若子，不忍朘民以肥身，不忍贪婪以蠹国，则操守不得不清。清则志定神一，于民之利害得失，事之轻重缓急，思之深，虑之熟，持躬处事，不敢不慎，亦不敢不勤。”①

《居官日省录》则进一步指出了违背清、慎、勤的居官操守会导致的恶劣后果：“不清之害，不必贪墨而后殃民也。贿赂初开，自谓偶一染指，似无大碍，孰知吏张其网，役假其威，我所得者有限，而说合过付已破其家矣。我所取者一回，而旁人中饱，不计次数矣。小民苟涉词讼，不空产业而不止，致父不能保其子，夫不能保其妻，翘首公门，一腔血泪。推原其故，皆始于本官偶一染指。呜呼！古人酌水励清，岂非有见于此哉？不慎之害，亦不必忽略而后误事也。州县事务最繁，人情忙中有错，或以常行事件，可免操心，而书吏之舞弄，正在此种下手。或以事属偶行，少懈关防，而奸民之伺隙，正于此攻我。或以苟且而开陋例之端，或以草率而贻后人之患，皆不慎使然也。尚书云：不矜细行，终累大德。正谓此耳。申报详结，皆有限期；催征批解，皆有定候。此为处分管住，不患不勤，所最宜留意者，独自理词讼耳。审一案，辗转经年；押一人，沉搁数月。果系好讼之徒，两造负气相争，挟私行诈，诚不足惜。乃有户婚田土，到官清理，亦使之守候拖累，或居间攀涉，因之废时失业，受害无穷。不勤之弊，小者如此，大更可知。故清慎勤三字之训，居官者所当时刻铭心云。”②

有的官箴书虽然没有明确指出清、慎、勤三个方面，但在阐释官员需要具备的操守与德行时，仍着重提出清廉、谨慎、勤勉这些内容。例如，《州县事宜》指出官员应当注重操守，关键便是要做清

① 《牧令须知》卷一。

② 《居官日省录》卷六《清慎勤》。

官："士君子立品自好，必曰砥砺廉隅，可见操守两字。严于家修，非必俟释褐登朝，而后讲究做清白吏也……盖操守者，出仕之根柢，必于此处立稳，则事功经济，由此而起，否则大本先拨，虽有枝叶向荣，徒供斤斧摧折耳……即当廉洁自爱以副朝廷名器之重。若操守不严，则行止卑污……故初任州县，其于操守一端，所谓人鬼关也，必于此处首先勘破，而勘破之道，惟在利义分明。盖认得正，则世间之纷华靡丽，方不足以摇其志；持得定，则官场之膏粱文绣，方不足以移其情。家本富也，素封之室，仕不为贫，何至垂涎民膏，又肥私橐，正当冰蘖自励，以图远大。家本贫也，淡泊之风，相安已久，况既衣税食租，养廉并厚，益当感激图报，勉作清官。贤有司若能深体此意，矢志一诚，上思不欺于君，下思不欺于民，勿诈勿伪，始终不渝，严一介于取与，凛四知于旦明，重禄厚糈，酬庸有巨典焉。"[①]又如《州县初仕小补》提出的"勉励清操""勤慎为官""遇事戒急躁"等观点也都是围绕清、慎、勤而展开的。[②] 而《福惠全书》所阐述的"谨操守""忍性气""戒躁怒"等内容，更是旨在通过告诫官员在处理具体政务时保持利义分明、公正无私、平心静气、戒骄戒躁的状态来实现清、慎、勤的目标。[③]

此外，官箴书中还涉及官员应当注重节俭、谦虚谨慎、善于忍耐、宽严有度等方面的修身内容。例如，"居家宜俭，居官尤宜俭。人情愈奢，则愈纵，始而贪，继而酷，皆自不俭始……俭则安分，俭则洁已，俭则爱民，俭则惜福。故曰：俭，美德也，官箴也""宽严二字，有专用之心，有分用之法。夫居上以爱人为本，则心专于宽而已。然有时因宽而纵，反能误人，故必有严以济其宽""是以居大位而不虚心，则事坏；从政不虚心，则政坏；为学不虚心，则学坏。何

---

① 《州县事宜·操守》。

② 参见《州县初仕小补》。

③ 参见《福惠全书》卷四《莅任部三》。

也？意气太盛，虽有嘉言在耳，简册在前，不复潜心研究，惟凭私智臆见，谓操纵一切而无难。于是疏略偏蔽，百病交集，害有不可胜言者。而况居官之人，身处民上，一令百从，谀言日至，自视地位高于人，才识无不高于人。自是之见渐习渐惯，其尚能低首下心勤学好问也哉！趾高气扬，非独办事乖错，必贻民物之忧”“古人有言，必有忍，其乃有济。又曰：欲成大事，必须少忍……至于地方公务，苟有不能忍之处，亦须坚忍。何也？忍者心平，心平乃合情理，而于事无欹侧。不忍者心偏，心偏则尚意气，而于事多错误”“世际承平，海宇清晏。不事耕织之劳，安享衣食之福，读古圣贤之书，厕士大夫之列。受爵朝廷，荣名家乘，以此思足，足可知已。若不知足，便是无厌，得则愈贪，失则觖望，终日营营于富贵之中。但觉烦恼之意多，欢乐之机窒，其品行作为，必有不可对人之事。圣人所云，鄙夫无所不至，正谓此也”等。①

① 参见《居官日省录》卷六《俭》《宽严》《虚衷》《忍》《知足》。

皋陶亲民

（皋陶深入部落群众，深受他们的爱戴，所到之处民众夹道欢迎，奉果品、肉干相赠，皋陶不受，人们更加敬佩皋陶清廉的品德。图的内容为皋陶亲民的场景）

第五节　天讨天罚,天人合一

前文(第三章第二节第三部分)在论述皋陶的民本思想时曾指出,皋陶为了说明安民之重要性,首先确立了“天”至高无上的地位,阐释了基本的天人关系,继而将天意与民意相沟通。而后世基于皋陶的论证,对于这种天人关系也多有讨论,发展出了一套完整的天人观念,为两千年稳固的帝制王权体制的正当性提供意识形态基础。

早在夏商时期,“天”就被作为统治意志的来源而被人尊崇。统治者提出了君权神授的理论,并指出他们是根据上天的意志来讨伐罪人的,即秉持“天讨”“天罚”的思想。

《尚书・甘誓》中记载了这样的故事:大禹的儿子启执政后,有扈氏不服,启便率兵讨伐。当部队走到甘这个地方后,启召开了一个誓师大会。他在讨伐宣言中指出,有扈氏得罪了上天,所以他是按照上天的命令去讨伐的:“嗟! 六事之人,予誓告汝:有扈氏威侮五行,怠弃三正,天用剿绝其命,今予惟恭行天之罚。左不攻于左,汝不恭命;右不攻于右,汝不恭命;御非其马之正,汝不恭命。用命,赏于祖;弗用命,戮于社,予则孥戮汝。”①

同样,汤讨伐夏朝的时候,也在誓师宣言中指出他是根据上天的命令而讨伐夏的:“格尔众庶,悉听朕言,非台小子,敢行称乱!有夏多罪,天命殛之。今尔有众,汝曰:‘我后不恤我众,舍我穑事而割正夏?’予惟闻汝众言,夏氏有罪,予畏上帝,不敢不正。今汝其曰:‘夏罪其如台?’夏王率遏众力,率割夏邑。有众率怠弗协,曰:‘时日曷丧? 予及汝皆亡。’夏德若兹,今朕必往。”“尔尚辅予一

① 《尚书・甘誓》。

人,致天之罚,予其大赉汝!尔无不信,朕不食言。尔不从誓言,予则孥戮汝,罔有攸赦。”[①]文中“有夏多罪,天命殛之……予畏上帝,不敢不正”的表述与《尚书·甘誓》中的“天用剿绝其命,今予惟恭行天之罚”可谓如出一辙。

然而,西周时期,为了证明其统治的正当性,统治者不得不改变了“天讨”“天罚”的说法,而代之以“以德配天”的思想。由于自称上天派来进行统治的夏、商两朝的统治者先后被消灭,西周的统治者不得不思考如何能使自身的统治长久存续而不被取代。于是,西周在承认上天具有至高地位的同时,进一步提出“天命靡常”,即天命并不是固定不变的,而是会根据统治者的德行程度发生变化。一旦统治者不再施行德政,上天便也不再庇佑他,会派新的君主来取代他,重新恢复德治,而夏、商的灭亡恰恰是君主失德导致的。

《尚书》中对此多有描述。如《召诰》一篇中说道:“太保乃以庶邦冢君出取币,乃复入锡周公。曰:‘……天既遐终大邦殷之命,兹殷多先哲王在天,越厥后王后民,兹服厥命。厥终,智藏瘝在。夫知保抱携持厥妇子,以哀吁天,徂厥亡,出执。呜呼!天亦哀于四方民,其眷命用懋。王其疾敬德!……我不可不监于有夏,亦不可不监于有殷。我不敢知曰,有夏服天命,惟有历年;我不敢知曰,不其延。惟不敬厥德,乃早坠厥命。我不敢知曰,有殷受天命,惟有历年;我不敢知曰,不其延。惟不敬厥德,乃早坠厥命。今王嗣受厥命,我亦惟兹二国命,嗣若功……’”[②]此处指出,上天结束了殷商的统治,是因为纣王不施德政,导致民不聊生,人们乞求上天更改君主,才有周武王伐纣从而取代殷商之事。因此,如今的周王应当尽快推行德政,从而顺应天意民心。统治者应当以夏、商为戒,

---

① 《尚书·汤誓》。

② 《尚书·召诰》。

桀纣灭国都是不敬行德政导致的,如今周王应当予以反思,避免重蹈覆辙。

又如,《尚书·多士》记载了周公对殷商遗民所说的内容,同样表达夏、商的灭亡是由于没有遵循上天的意志来施行德政:"王若曰:'尔殷遗多士弗吊,旻天大降丧于殷,我有周佑命,将天明威,致王罚,敕殷命终于帝。肆尔多士!非我小国敢弋殷命。惟天不畀允罔固乱,弼我,我其敢求位?惟帝不畀,惟我下民秉为,惟天明畏。我闻曰:上帝引逸,有夏不适逸;则惟帝降格,向于时夏。弗克庸帝,大淫泆有辞。惟时天罔念闻,厥惟废元命,降致罚;乃命尔先祖成汤革夏,俊民甸四方。自成汤至于帝乙,罔不明德恤祀。亦惟天丕建,保乂有殷,殷王亦罔敢失帝,罔不配天其泽。在今后嗣王,诞罔显于天,矧曰其有听念于先王勤家?诞淫厥泆,罔顾于天显民祇,惟时上帝不保,降若兹大丧。惟天不畀不明厥德,凡四方小大邦丧,罔非有辞于罚。'"①从这段话中可以看出,周公仍然强调夏桀与商纣不敬重上天,只顾自己过着荒淫无度的生活,而没有依照上天的指示向百姓施以德政,这才失去了上天的庇佑,最终招致灭国的灾祸。而周族人之所以能够取代殷商,是因为周族人顺应天命,施以德政。总之,上天是不会将统治地位给予不施德政之人的,即所谓"天不畀不明厥德"。

至春秋战国时期,百家争鸣,各个学派对于天人关系也多有阐述。在此,笔者仅列举墨家、儒家的一些代表性观点。

墨子提出社会治理的基本方针是"法天",即效法上天的本性来进行统治。那么,什么是上天的本性呢?墨子指出:"天之行广而无私,其施厚而不德,其明久而不衰,故圣王法之。既以天为法,动作有为,必度于天。天之所欲则为之,天所不欲则止。然而天何欲何恶者也?天必欲人之相爱相利,而不欲人之相恶相贼也。奚

---

① 《尚书·多士》。

以知天之欲人之相爱相利，而不欲人之相恶相贼也？以其兼而爱之，兼而利之也。奚以知天兼而爱之，兼而利之也？以其兼而有之，兼而食之也。今天下无大小国，皆天之邑也。人无幼长贵贱，皆天之臣也。此以莫不刍牛羊，豢犬猪，洁为酒醴粢盛，以敬事天。此不为兼而有之、兼而食之邪？天苟兼而有食之，夫奚说不欲人之相爱相利也？”①

由此可知，墨子认为上天具有崇高的品质，使其永不衰落，因此圣明的君主都会去效仿上天。而上天最重要的品性是希望人们“兼相爱、交相利”，不愿看到人们相互厌恶、相互残害。如何证明上天具有这种兼爱互利的品性呢？因为对上天来说，各个邦国无论大小都是平等的，每个人无论贫富也都是一样的，只要效仿上天的这种兼爱互利的品德，就会得到福报，否则便会遭遇灾祸。

为了进一步论证“法天”与人间祸福的关联性，墨子以夏商周的历史为例，指出上天会根据自己的意志对统治者进行赏罚，而判断的标准便是兼爱互利：“故天子者，天下之穷贵也，天下之穷富也。故于富且贵者，当天意而不可不顺。顺天意者，兼相爱、交相利，必得赏；反天意者，别相恶，交相贼，必得罚。然则是谁顺天意而得赏者？谁反天意而得罚者？子墨子言曰：‘昔三代圣王，禹、汤、文、武，此顺天意而得赏也。昔三代之暴王，桀、纣、幽、厉，此反天意而得罚者也。’然则禹、汤、文、武，其得赏者何以也？子墨子言曰：‘其事上尊天，中事鬼神，下爱人，故天意曰：“此之我所爱，兼而爱之；我所利，兼而利之。爱人者此为博焉，利人者此为厚焉。”故使贵为天子，富有天下，业万世子孙，传称其善，方施天下，至今称之，谓之圣王。’然则桀、纣、幽、厉，得其罚何以也？子墨子言曰：‘其事上诟天，中诟鬼，下贼人，故天意曰：“此之我所爱，别而恶之；我所利，交而贼之。恶人者，此为之博也；贱人者，此为之厚也。”故

---

① 《墨子·法仪》。

使不得终其寿，不殁其世，至今毁之，谓之暴王。'"①

那么，统治者如何在具体的执政过程中实现天意呢？墨子继而指出："顺天意者，义政也；反天意者，力政也。然义政将奈何哉？子墨子言曰：'处大国不攻小国，处大家不篡小家，强者不劫弱，贵者不傲贱，多诈者不欺愚。此必上利于天，中利于鬼，下利于人，三利无所不利，故举天下美名加之，谓之圣王。力政者则与此异，言非此，行反此，犹幸驰也。处大国攻小国，处大家篡小家，强者劫弱，贵者傲贱，多诈欺愚，此上不利于天，中不利于鬼，下不利于人。三不利无所利，故举天下恶名加之，谓之暴王。'"②因此，只要能做到大国不攻打小国，大家族不掠夺小家族，强者不欺凌弱者，贵族不傲视贱民，聪明的不欺压愚笨的，从而贯彻相互关爱、互利共存的宗旨，统治者就能成为圣王，否则只能落得个暴君的下场。

综上，墨子所描绘的天人关系中，人们必须遵从上天的意志去兼爱、互利，这样上天才会对其予以庇佑，否则统治者将受到惩罚。

而作为儒家的代表人物，孟子也形成了有关天人关系的思考："尽其心者，知其性也。知其性，则知天矣。存其心，养其性，所以事天也。殀寿不贰，修身以俟之，所以立命也。"③按照孟子的观点，只要人充分地发掘自己的内心，就一定能够找到人性中所具备的仁义礼智，这种人性并不是后天习得的，而是上天赋予的；由此，知其性也就意味着可知上天，从而将人与上天关联在了一起。换言之，人与上天在道德层面是相通的，且在心性上得到了统一，基于存心—养性—事天的路径实现天人合一。

荀子则从另一个角度论证天人关系。其首先提出"天人之分"的观点："天行有常，不为尧存，不为桀亡。应之以治则吉，应之以

① 《墨子·天志》。

② 《墨子·天志》。

③ 《孟子·尽心章句上》。

乱则凶。彊本而节用，则天不能贫；养备而动时，则天不能病；循道而不忒，则天不能祸。故水旱不能使之饥，寒暑不能使之疾，祆怪不能使之凶。本荒而用侈，则天不能使之富；养略而动罕，则天不能使之全；倍道而妄行，则天不能使之吉。故水旱未至而饥，寒暑未薄而疾，祆怪未至而凶。受时与治世同，而殃祸与治世异，不可以怨天，其道然也。故明于天人之分，则可谓至人矣。"[①]按照荀子的说法，天有自己的运行规律，不会因为个人的不同而改变。顺应天的规律进行治理会得到良好的效果，反之则会造成灾祸。人们只要加强耕作、节约使用，顺应天时变化，进行储备和生产，完全遵照天的规律而不出差错，那就不会受到灾害的影响，否则无须等到自然灾害到来，人们就会面临饥荒、疫病等灾祸。因此，明辨了自然界的规律和人应采取的行动，就称得上是圣人了。

显然，荀子所说的"天"更接近于一种"自然之天"，这种"天"有自己的运行规律，不会因人的影响而有所改变；而人类社会有其自己的职分，不能因为自身未能妥善治理而责怪上天。不过，这种"天人之分"的观点并不意味着割裂上天与人的关系，荀子紧接着指出："大天而思之，孰与物畜而制之！从天而颂之，孰与制天命而用之！望时而待之，孰与应时而使之！因物而多之，孰与骋能而化之！思物而物之，孰与理物而勿失之也！愿于物之所以生，孰与有物之所以成！故错人而思天，则失万物之情。"[②]按照上述说法，人们与其盲目地去崇拜、颂扬上天，等待上天来供养人们，还不如去发现自然的规律，然后依照这种规律来利用自然、改造自然，从而实现天人之间的和谐共处。

至汉代，以董仲舒为代表的儒家学者对于天人关系又有了更为系统的论述。

---

① 《荀子·天论》。
② 《荀子·天论》。

首先，在上天与人的关系上，董仲舒指出："为生不能为人，为人者，天也，人之人本于天，天亦人之曾祖父也，此人之所以乃上类天也。人之形体，化天数而成；人之血气，化天志而仁；人之德行，化天理而义；人之好恶，化天之暖清；人之喜怒，化天之寒暑；人之受命，化天之四时；人生有喜怒哀乐之答，春秋冬夏之类也。喜，春之答也，怒，秋之答也，乐，夏之答也，哀，冬之答也，天之副在乎人，人之情性有由天者矣，故曰受，由天之号也。为人主也，道莫明省身之天，如天出之也，使其出也，答天之出四时，而必忠其受也，则尧舜之治无以加，是可生可杀而不可使为乱，故曰：非道不行，非法不言。此之谓也。"①

在董仲舒看来，人是上天所派生的。人是上天以自身为参照，有意识地创造出来的。由于人是上天创造出来的，所以人从外在形体到内在的感情、道德、意志等方面都体现了上天的意志和规律，故此，人类社会要比照上天的意志和特征来行事。

这一思想是为了论证皇权至上的合法性、合理性、神圣性，从而拥护中央集权和君主专制的政治体制，保证统治者的长期延续和社会稳定。具体而言，天人合一论已经树立了上天的无上权威，认为上天的意志决定了人类社会的命运。上天与人可以相互沟通，但这种沟通并不是直接的，而是间接的。人与上天的沟通是通过一个中介来实现，这个中介就是君主。对于上天，君主是人类的总代表；对于人，君主则是上天在人间的代理人，执行上天的意志和命令。基于这样的认识，董仲舒认为君主的权力源于上天，天子秉承上天的意志来治理国家、管理社会。既然君主代表上天，拥有上天所授予的权力，那么，臣民对君主也就只能唯命是从，否则就是对上天不敬，逆天而行了。此即君权神予说，确立了君尊臣卑的角色定位，维护了君主的集权与专制。

---

① 《春秋繁露》卷一一。

其次,董仲舒在论证天人合一、君权神授的同时,指出了上天的权威是高于君主的。君主虽然拥有至高无上的权力,但也要尊天敬天,受上天约束。如果君主的行为不符合天意,上天就会以灾异的方式给出警告,要求君主予以改正。如果君主一意孤行,上天就会给予责罚,必有灾祸降临,这就是所谓的"天谴说"。例如,《春秋繁露》中写道:"举贤良,进茂才,官得其能,任得其力,赏有功,封有德,出货财,振困乏,正封疆,使四方。恩及于火,则火顺人,而甘露降;恩及羽虫,则飞鸟大为,黄鹄出见,凤凰翔。如人君惑于谗邪,内离骨肉,外疏忠臣,至杀世子,诛杀不辜,逐忠臣,以妾为妻,弃法令,妇妾为政,赐予不当,则民病血,壅肿,目不明。咎及于火,则大旱,必有火灾,摘巢探鷇,咎及羽虫,则飞鸟不为,冬应不来,枭鸱群鸣,凤凰高翔。"①又如:"王者与臣无礼,貌不肃敬,则木不曲直,而夏多暴风,风者,木之气也,其音角也,故应之以暴风。王者言不从,则金不从革,而秋多霹雳,霹雳者,金气也,其音商也,故应之以霹雳。王者视不明,则火不炎上,而秋多电,电者,火气也,其音征也,故应之以电。王者听不聪,则水不润下,而春夏多暴雨,雨者,水气也,其音羽也,故应之以暴雨。王者心不能容,则稼穑不成,而秋多雷,雷者,土气也,其音宫也,故应之以雷。"②

最后,董仲舒指出,上天的运行有其内在的规律,体现为阴阳之道。阴阳之道是宇宙和社会中的普遍规律,世上的所有事物都是这样的阴阳组合。阴阳两方虽然共存,但它们的地位并不平等,二者为一种主从关系。"阴兼于阳",阳处于主宰、制约的地位,阴处于被支配、被制约的地位,即"是故阳行于顺,阴行于逆;逆行而顺,顺行而逆者,阴也。是故天以阴为权,以阳为经;阳出而南,阴出而北;经用于盛,权用于末;以此见天之显经隐权,前德而后刑

① 《春秋繁露》卷一三。

② 《春秋繁露》卷一四。

也。故曰:阳,天之德,阴,天之刑也,阳气暖而阴气寒,阳气予而阴气夺,阳气仁而阴气戾,阳气宽而阴气急,阳气爱而阴气恶,阳气生而阴气杀。是故阳常居实位而行于盛,阴常居空位而行于末,天之好仁而近,恶戾之变而远,大德而小刑之意也,先经而后权,贵阳而贱阴也”。[1]

而这种规律体现在社会政治关系上,就是君、父、夫分别支配臣、子、妻,即所谓的三纲——“君为臣纲,父为子纲,夫为妻纲”。由于三纲根源于上天的运行规律,因而是神圣不可侵犯的。“天子受命于天,诸侯受命于天子,子受命于父,臣妾受命于君,妻受命于夫。”[2]统治者只要处理好这三种基本关系,就能有效控制整个社会,这也为君主的统治奠定了权威性与正当性基础。

董仲舒有关“天人关系”的论述奠定了儒家天人观的基础,为后世相关的讨论开辟了道路。

---

① 《春秋繁露》卷一一。
② 《春秋繁露》卷一五。

皋陶教子

（皋陶明刑弼教，以化万民。皋陶提倡父义、母慈、兄友、弟恭、子孝。图的内容为皋陶教子的场景）

第六节 民为邦本，以民为本

《尚书·皋陶谟》曾明确提出“安民”的重要性，并通过将天意与民意相结合，形成了“民本”思想。这种思想经过后世的不断完善，逐渐发展为中国传统社会中颇具特色的民为邦本、以民为本的重要思想。

实际上，《尚书》中除了皋陶的论述，还有许多地方凸显了民本理念。最具代表性的便是《尚书·五子之歌》中的这段表述：“其一曰：‘皇祖有训，民可近，不可下。民惟邦本，本固邦宁。予视天下愚夫愚妇一能胜予，一人三失，怨岂在明，不见是图。予临兆民，懔乎若朽索之驭六马，为人上者，奈何不敬？’”[①]这里明确指出统治者需要亲近民众，人民是国家的根本，只有人民拥护，国家才能稳固。治理民众应当保持敬畏之心，举措需谨慎小心，就如同用快腐朽的绳索驾驭六匹马的马车一样。

先秦时期，百家争鸣，不同的学人都对“民本”问题阐释了自己的看法。例如，慎子指出上天设置统治者并不是让统治者自己享乐的，而是让他代替上天为天下的百姓服务的：“古者立天子而贵之者，非以利一人也。曰：天下无一贵，则理无由通，通理以为天下也。故立天子以为天下，非立天下以为天子也；立国君以为国，非立国以为君也；立官长以为官，非立官以为长也。法虽不善，犹愈于无法，所以一人心也。”[②]荀子也指出百姓是国家的根本：“用国者，得百姓之力者富，得百姓之死者强，得百姓之誉者荣。三得者具而天下归之，三得者亡而天下去之；天下归之之谓王，天下去之

① 《尚书·五子之歌》。
② 《慎子·威德》。

之谓亡。汤武者,修其道,行其义,兴天下同利,除天下同害,天下归之。"①同时,荀子明确表示,如果君主不施以善政从而失去民心,那么便会失去统治,因此只有勤政爱民才是王道:"马骇舆,则君子不安舆;庶人骇政,则君子不安位。马骇舆,则莫若静之;庶人骇政,则莫若惠之。选贤良,举笃敬,兴孝弟,收孤寡,补贫穷。如是,则庶人安政矣。庶人安政,然后君子安位。传曰:'君者,舟也;庶人者,水也;水则载舟,水则覆舟。'此之谓也。故君人者,欲安,则莫若平政爱民矣;欲荣,则莫若隆礼敬士矣;欲立功名,则莫若尚贤使能矣。是人君之大节也。"②

在诸多论述中,孟子的民本思想最为丰富和突出。其最广为流传的便是"民贵君轻"的观点,孟子曰:"民为贵,社稷次之,君为轻。是故得乎丘民而为天子,得乎天子为诸侯,得乎诸侯为大夫。诸侯危社稷,则变置。牺牲既成,粢盛既洁,祭祖以时,然而旱干水溢,则变置社稷。"③孟子同样认为民心的得失才是统治是否稳定的关键:"桀纣之失天下者,失其民也;失其民者,失其心也。得天下有道:得其民,斯得天下矣;得其民有道:得其心,斯得民矣;得其心有道:所欲与之聚之,所恶勿施尔也……"④

此外,孟子与万章的对话更是凸显其鲜明的"民本"思想,具体内容如下:

> 万章曰:"尧以天下与舜,有诸?"
>
> 孟子曰:"否。天子不能以天下与人。"
>
> "然则舜有天下也,孰与之?"
>
> 曰:"天与之。"

---

① 《荀子·王霸》。

② 《荀子·王制》。

③ 《孟子·尽心章句下》。

④ 《孟子·离娄章句上》。

"天与之者,谆谆然命之乎?"

曰:"否。天不言,以行与事示之而已矣。"

曰:"以行与事示之者如之何?"

曰:"天子能荐人于天,不能使天与之天下;诸侯能荐人于天子,不能使天子与之诸侯;大夫能荐人于诸侯,不能使诸侯与之大夫。昔者尧荐舜于天而天受之,暴之于民而民受之,故曰:天不言,以行与事示之而已矣。"

曰:"敢问荐之于天而天受之,暴之于民而民受之,如何?"

曰:"使之主祭而百神享之,是天受之;使之主事而事治,百姓安之,是民受之也。天与之,人与之,故曰:天子不能以天下与人。舜相尧二十有八载,非人之所能为也,天也。尧崩,三年之丧毕,舜避尧之子于南河之南。天下诸侯朝觐者,不之尧之子而之舜;讼狱者,不之尧之子而之舜;讴歌者,不讴歌尧之子而讴歌舜,故曰天也。夫然后之中国,践天子位焉。而居尧之宫,逼尧之子,是篡也,非天与也。太誓曰:'天视自我民视,天听自我民听',此之谓也。"①

这段对话由万章首先向孟子提问,他问道:"尧把天下交给舜,有这回事吗?"孟子予以否认,指出天子是无法将天下交给他人的。万章紧接着又问道:"那舜治理天下,又是谁把这样的权力交给他的呢?"孟子则认为是上天交给他的,且这种交予的方式是通过行动和事迹予以表现的,而不是通过语言。具体而言,天子可以把贤明的人推荐给上天,让他来治理天下,但不能直接把天下交给他;这就如同诸侯向天子推荐人才,大夫向诸侯推荐人才,却不能直接

① 《孟子·万章章句上》。

交付诸侯、大夫的职位一样。古代尧把舜推荐给上天，上天予以接受；同时尧把舜介绍给百姓，百姓也予以接受。这就是上天不通过语言而通过行动和事迹来表明自己的态度。那么，如何证明上天和百姓对其表示接受了呢？孟子说道："任命他主持祭祀，如果神明都来享用祭品，就表示上天接受了他；任命他主持政务，要是工作安排得井井有条，百姓感到安逸，就表示百姓接受了他。因此，是上天把天下交给他，是百姓把天下交给他，而不是天子个人。舜辅佐了尧二十八年，这不是某一个人所能做到的，而是秉承天意。等到尧去世，舜服完了三年之丧后，为了使尧的儿子继承天下，舜自己主动躲到了南河之南。可是，天下诸侯都到舜那里朝见他，百姓们都到舜那里去打官司，民间也都纷纷歌颂舜，这便是天意。如果舜自己居住在尧的宫室，逼迫尧的儿子让位给自己，这便是篡夺，而不是天授了。《太誓》中所说的'百姓看到的，天也就看到；百姓听到的，天也就听到'就是这个意思。"从上述对话中可知，孟子认为上天授予某人君主的地位是基于民意，即百姓的认同才构成统治的权威性。

至汉代，贾谊曾对"民本"的重要性进行了详细的论述，指出判断官吏是否称职，君主是否贤明，甚至国家之存亡兴衰都应当依据百姓的态度："闻之于政也，民无不为本也。国以为本，君以为本，吏以为本。故国以民为安危，君以民为威侮，吏以民为贵贱，此之谓民无不为本也。闻之于政也，民无不为命也。国以为命，君以为命，吏以为命。故国以民为存亡，君以民为盲明，吏以民为贤不肖，此之谓民无不为命也。闻之于政也，民无不为功也。故国以为功，君以为功，吏以为功。国以民为兴坏，君以民为强弱，吏以民为能不能，此之谓民无不为功也。闻之于政也，民无不为力也，故国以为力，君以为力，吏以为力。故夫战之胜也，民欲胜也；攻之得也，民欲得也；守之存也，民欲存也。故率民而守，而民不欲存，则莫能以存矣。故率民而攻，民不欲得，则莫能以得矣。故率民而战，民不欲胜,则莫能以胜矣。故其民之为其上也,接敌而喜,进而不能止,敌人必骇,战由此胜也。夫民之于其上也,接而惧,必走去,战由此败也。故夫菑与福也,非粹在天也,必在士民也。呜呼,戒之戒之!夫士民之志,不可不要也。呜呼,戒之戒之!"①

东汉的王符也在《潜夫论》中痛陈人民是国家的核心:"国之所以为国者,以有民也;民之所以为民者,以有谷也;谷之所以丰殖者,以有人功也;功之所以能建者,以日力也。治国之日舒以长,故其民闲暇而力有余;乱国之日促以短,故其民困务而力不足。"②

历代统治者也反复强调"民为邦本"这一基本理念,其中最具代表性的当属唐太宗李世民。他明确指出治国应以百姓为先:"为君之道,必须先存百姓。若损百姓以奉其身,犹割股以啖腹,腹饱而身毙。"③同时,在与魏征的对话中,他时刻提醒自己要重视人民的力量,即"水能载舟,亦能覆舟"的基本道理:

> 贞观六年,太宗谓侍臣曰:"看古之帝王,有兴有衰,犹朝之有暮,皆为蔽其耳目,不知时政得失,忠正者不言,邪谄者日进,既不见过,所以至于灭亡。朕既在九重,不能尽见天下事,故布之卿等,以为朕之耳目。莫以天下无事,四海安宁,便不存意。可爱非君,可畏非民。天子者,有道则人推而为主,无道则人弃而不用,诚可畏也。"魏征对曰:"自古失国之主,皆为居安忘危,处治忘乱,所以不能长久。今陛下富有四海,内外清晏,能留心治道,常临深履薄,国家历数,自然灵长。臣又闻古语云:'君,舟也;人,水也。水能载舟,亦能覆舟。'陛下以为可畏,诚如

---

① 《新书·大政上》。
② 《潜夫论》卷四《爱日》。
③ 《贞观政要》卷一《论君道》。

圣旨。"[①]

武则天命人所纂的《臣轨》对官员提出了相应的要求和告诫，其中许多内容也体现出民本的精神。例如，书中指出忠君的最核心表现是能够善待百姓："夫事君者以忠正为基，忠正者以慈惠为本。故为臣不能慈惠于百姓而曰忠正于其君者，斯非至忠也。所以大臣必怀养人之德，而有恤下之心。"[②]又如，大臣的职责应当是辅助君主来爱民、安民："夫黔首苍生，天之所甚爱也。为其不能自理，故立君以理之。为君不能独化，故为臣以佐之。夫臣者，受君之重位，牧天之甚爱。焉可不安而利之，养而济之哉！是以君子任职则思利人，事主则思安俗。故居上而下不重，处前而后不怨。"[③]

这种提示官员注重民本的做法一直得以流传，最具代表性的便是"戒石铭"。据说五代十国时期，后蜀主孟昶曾撰写二十四句官箴："朕念赤子，旰食宵衣。言之令长，抚养惠绥。政存三异，道在七丝。驱鸡为理，留犊为规。宽猛得所，风俗可移。无令侵削，无使疮痍。下民易虐，上天难欺。赋舆是切，军国是资。朕之赏罚，固不逾时。尔俸尔禄，民膏民脂。为民父母，莫不仁慈。勉尔为戒，体朕深思。"[④]而北宋时期宋太宗从中选了"尔俸尔禄，民膏民脂。下民易虐，上天难欺"这十六个字，亲自抄写颁发给地方官员。至南宋时期，宋高宗也命黄庭坚书写这四句官箴，作为官员的"座右铭"。[⑤]

明末清初之际，以黄宗羲为代表的学人在反思和批判君主专

---

① 《贞观政要》卷一《论政体》。

② 《臣轨·至忠》。

③ 《臣轨·利人》。

④ 《全唐文纪事》卷六。

⑤ 参见郭建：《戒石铭与皮场庙：中国古典名著的法眼解读》，北京大学出版社2012年版，第42～43页。

制制度的过程中,更为鲜明地提出了民本思想。黄宗羲在《明夷待访录》中有许多经典阐述,例如以下内容:

有人者出,不以一己之利为利,而使天下受其利,不以一己之害为害,而使天下释其害。此其人之勤劳必千万于天下之人。夫以千万倍之勤劳而己又不享其利,必非天下之人情所欲居也。故古之人君,量而不欲入者,许由、务光是也;入而又去之者,尧、舜是也;初不欲入而不得去者,禹是也。岂古之人有所异哉?好逸恶劳,亦犹夫人之情也。

后之为人君者不然,以为天下利害之权皆出于我,我以天下之利尽归于己,以天下之害尽归于人,亦无不可;使天下之人不敢自私,不敢自利,以我之大私为天下之大公。始而惭焉,久而安焉,视天下为莫大之产业,传之子孙,受享无穷;汉高帝所谓"某业所就,孰与仲多"者,其逐利之情不觉溢之于辞矣。此无他,古者以天下为主,君为客,凡君之所毕世而经营者,为天下也。今也以君为主,天下为客,凡天下之无地而得安宁者,为君也。是以其未得之也,屠毒天下之肝脑,离散天下之子女,以博我一人之产业,曾不惨然!曰"我固为子孙创业也"。其既得之也,敲剥天下之骨髓,离散天下之子女,以奉我一人之淫乐,视为当然,曰"此我产业之花息也"。然则为天下之大害者,君而已矣。①

根据黄宗羲的观点,君主最初是秉持"天下为公"的理念来治理社会的,即君主是为了保障全体民众的利益、避免人们受到苦难而出现的。后代的君主却往往背弃了这一宗旨,将天下的利益归

① 《明夷待访录·原君》。

于自己，把自己的私心描绘为天下的公利，坐享天下且心安理得。形成这种现象的根本原因在于，原本应当将天下的百姓当作主人，而把君主看作客人，君主应当为天下人服务；如今却反客为主，将君主当作主人，人民反倒成了客人、仆人。由此可见，君主才是天下最大的危害。

他继而指出大臣应当承担的责任："缘夫天下之大，非一人之所能治，而分治之以群工。故我之出而仕也，为天下，非为君也；为万民，非为一姓也。吾以天下万民起见，非其道，即君以形声强我，未之敢从也，况于无形无声乎！非其道，即立身于其朝，未之敢许也，况于杀其身乎！不然，而以君之一身一姓起见，君有无形无声之嗜欲，吾从而视之听之，此宦官宫妾之心也；君为己死而为己亡，吾从而死之亡之，此其私匿者之事也。是乃臣不臣之辨也。"①换言之，有人来担任大臣，是与国君一起治理天下、服务人民的，而不是为了侍奉君主。如果做官仅仅是为了维护君主一家的利益，整天对着君主察言观色、阿谀奉承，那不成了宦官、仆妾这样的角色了吗？这不该是臣子的本分。因此，"盖天下之治乱，不在一姓之兴亡，而在万民之忧乐"②，而君臣治理天下的方式，应当如同拉大木头一样，君主在前面喊口号，大臣在后面相应和，一同努力，才能完成工作。如果前面的人手不揽绳、脚不沾地，与后面的人谈笑风生，后面的人也觉得这样是对的，那么这项工作必然就荒废了；而君臣若是如此，不以百姓的利益为念，不形成"天下为主君为客"的理念，就无法实现国家的大治："夫治天下犹曳大木然，前者唱邪，后者唱许。君与臣，共曳木之人也；若手不执绋，足不履地，曳木者唯娱笑于曳木者之前，从曳木者以为良，而曳木之职荒矣。嗟乎！后世骄君自恣，不以天下万民为事。其所求乎草野者，不过欲得奔

① 《明夷待访录·原臣》。

② 《明夷待访录·原臣》。

走服役之人。乃使草野之应于上者，亦不出夫奔走服役，一时免于寒饿、遂感在上之知遇，不复计其礼之备与不备，跻之仆妾之间而以为当然。”①

① 《明夷待访录·原臣》。

第五章

赓续前行：皋陶法治精神与当代法治建设

第一节　皋陶法治精神的时代价值

2022年10月，党的二十大报告突出强调，要坚持全面依法治国，推进法治中国建设。[①] 具有中国历史文化特色的皋陶法治精神内涵丰富、意义深远，在当代法治中国建设中自有一席之地。

一、当代中国法治建设的文化根基

当代中国法治建设必然要以中国历史悠长的优秀传统文化为根基。如果没有历史文化为依托，法治大厦无论外形多么富丽堂皇、巍峨耸立，都将如同无源之水、无本之木，难以长久矗立于中华大地。因此，脱离了基本国情的国家法律体系和法治道路是行不通的。中国不仅是拥有五千年历史的四大文明古国之一，还在国家和文明的漫长发展过程中创造了源远流长、灿烂光辉、自成一体的中华法文化。中华法系被世界比较法学家公认为与大陆法系、

① 参见习近平：《高举中国特色社会主义伟大旗帜　为全面建设社会主义现代化国家而团结奋斗——在中国共产党第二十次全国代表大会上的报告》，人民出版社2022年版，第40页。

普通法系等比肩的五大法系之一。虽然近代以来,中国现代法律制度从欧洲大陆、日本借鉴了不少有益经验,但是中国传统法律观念作为一种文化基因,始终流淌在中华民族的血液里,践行于中国人民的社会习俗和日常生活之中。

党的二十大报告强调,要加快建设法治社会,就要"弘扬社会主义法治精神,传承中华优秀传统法律文化,引导全体人民做社会主义法治的忠实崇尚者、自觉遵守者、坚定捍卫者"①。现代法律制度和司法实践只有从传统法律文化中汲取养分,才能为人民群众所充分信任和遵守,法律价值才能得到保障,社会秩序才能得到维护,经济水平才能不断提升,人民才能安居乐业,中国特色社会主义道路才能越走越好。习近平同志撰文指出:"我国古代法制蕴含着十分丰富的智慧和资源……要注意研究我国古代法制传统和成败得失,挖掘和传承中华法律文化精华,汲取营养、择善而用。"②我国《民法典》的制定就在一定程度上汲取了中华传统法律文化精华,如专门引入了"优良家风"等表述。坚持以我为主,挖掘和发扬中国传统法律文化,既是文化自信的体现,也是坚持走中国特色社会主义法治道路的必然要求,更是我们能够在世界法律文化交流激荡中站稳脚跟的基石。

皋陶法治精神就是当代中国法治建设的文化根基之一。毋庸置疑,皋陶作为"上古四圣"之一,是中国法官的鼻祖,这在前文已经详细论证过。他不仅作为司法官决疑断狱,实现个案正义,还将个案中的判决理由凝练上升为一般性适用的法律规范,体现立法者的活动,故这一过程又被称为"皋陶造律"。同时,他具有其他多种身份,比如,他被后世奉为"刑狱之神"。更为重要的是,他还是

---

① 习近平:《高举中国特色社会主义伟大旗帜 为全面建设社会主义现代化国家而团结奋斗——在中国共产党第二十次全国代表大会上的报告》,人民出版社 2022 年版,第 42 页。

② 习近平:《加快建设社会主义法治国家》,载《求是》2015 年第 1 期。

一位政治家,对治国理政有深刻独到的认识。作为舜的重要辅臣,皋陶希望君王能够怀有仁德之心,深谋远虑,听臣之谏,即《尚书·皋陶谟》开篇所提到的“允迪厥德,谟明弼谐”①。由于他兼具多重身份,所以他对法的认知也跳脱于一般的规范层面,更高地站在国家建设、社会治理的思考层面之上,其思想的政治哲学色彩也较为浓厚。故而皋陶思想被后世史书广为记载和称颂,并被孟子等儒家代表人物吸收发扬,随儒家思想一起,传播至中华大地的每一个角落,在民族文化和精神上留下了深刻烙印。法治和德治相融合的皋陶法治精神内核一直影响汉朝以来的中国传统法律文化,且与当今所强调的依法治国和以德治国相结合的中国特色社会主义法治思想理念不谋而合。因此,当代中国法治建设离不开对皋陶法治精神的挖掘和弘扬。

何为法治精神?《辞海》将“精神”解释为与“物质”相对,是“人的内心世界及其现象”②。德国著名社会学家马克斯·韦伯曾将精神解释为“带有伦理色彩的生活样式准则的性格”③。法国启蒙思想家孟德斯鸠在《论法的精神》中则指出:“法的精神存在于法与各种事物可能发生的关系之中。”④法的精神在他看来就是一种民族精神,是一个民族看待、接受、运用法的气质。⑤ 鉴于此,本书认为,法治精神是指一个社会群体坚信法律至上并将之作为生活行动伦理的性格。

那么,法治精神与法治思想有何不同?其不同之处恰恰在于

---

① 《尚书·皋陶谟》。

② 陈至立:《辞海:彩图本》(第 7 版),上海辞书出版社 2019 年版。

③ [德]马克斯·韦伯:《新教伦理与资本主义精神》,康乐、简惠美译,广西师范大学出版社 2010 年版,第 27 页。

④ [法]孟德斯鸠:《论法的精神》(上卷),许明龙译,商务印书馆 2009 年版,第 13 页。

⑤ 参见马剑银:《孟德斯鸠语境中的“法”及其“精神”——重读〈论法的精神〉》,载《清华法学》2016 年第 6 期。

法治思想并不具备法治精神的核心特征。法治精神的核心特征包括意识性、历史性和约束性。具体而言,第一,意识性意味着法律精神存在于人的内心,作为一种世界观、人生观、价值观,潜移默化中影响人的社会行为和社会关系。第二,法治精神不是时髦的产物,不是凭空捏造、一蹴而就的,而是在一个民族或国家中经过漫长的社会实践和文化缔造而形成发展出来的,它具有历史的厚重性、文化的传承性及心理的可接受性。第三,法治精神作为一种生活伦理,对人的行为具有一定的道德约束力。违背法治认同的一般行为虽然不会受到暴力的制裁,但是在拥有法治精神的群体中会遭到道德的谴责,或受到社会的排挤。在这个意义上,法治精神可以形成内心的强制力,驱使人们遵从法治的生活方式和理念。相较之下,法治思想只是一种对于法治本质和内容的见解、看法和认识,存在个体差异性,可以完全自由创立和想象,通常也不具有约束力。法治思想可以是法治精神的一种体现或组成部分,但不能在概念涵摄上与法治精神相提并论,法治精神是一个更丰富、更上层、更本质的具有团体约束力的抽象概念体系。

回到皋陶的法治思想,它不仅拥有悠久的历史,几乎与中华民族同步诞生,还强调法律与道德教化的联结,这一直以来都是中国人民公认的意识形态基础,其体现的情、理、法相一致的公正观,即便是在当代也是普通百姓口中经常念叨的公理。由是观之,皋陶的法治思想具有意识性、历史性和约束性,因而可以被称为"皋陶法治精神"。

根据此前的相关论述,皋陶法治精神可以归纳为四个方面的内涵:一是"善治精神",对应"崇德尚法"的法治教化理念;二是"民本精神",对应"民为邦本,重在安民"的法治民主理念;三是"公正精神",对应"秉公持正,审慎刑罚"的法治正义理念;四是"修身精神",对应"律己修身"的法治监督理念。下文四个部分将分别详细阐述其时代价值和重要意义。

二、依法治国和以德治国的融合典范

皋陶法治精神是依法治国和以德治国的融合典范,体现了善治精神。

习近平同志在2016年主持中共中央政治局第三十七次集体学习时指出,改革开放以来,我们深刻总结我国社会主义法治建设的成功经验和深刻教训,把依法治国确定为党领导人民治理国家的基本方略,把依法执政确定为党治国理政的基本方式,走出了一条中国特色社会主义法治道路。这条道路的一个鲜明特点,就是坚持依法治国和以德治国相结合。[①] 依法治国和以德治国之间存在深刻的辩证关系,“徒法不能以自行”[②],在治国理政层面,两者相辅相成,互为基础。依法治国讲究的是政治和制度的运用,而以德治国讲究的是文化和精神的塑造。如果一个政治制度脱离了恰当的文化背景,那么它只能是空中楼阁,难以获得实效,而如果优秀文化道德没有法律制度的保障,那么社会道德水平也不会有所提升,甚至有堕落的风险。因此,法治和德治必须两手抓。

法律是道德的一种体现。在中国的法治语境下,法律是一种实在法,它的出现和形成是一种被构建的过程。实在法表明了法律是什么的事实命题及其具体内容,但是法律应该是什么、法律应该如何被建构的应然命题不是法律文本本身所能告诉我们的。法律的应然状态需要价值预设和判断,即一个民族、国家和社会对某种正义标准的认同和理性秩序的渴望,他们的价值追求构建起了渗透于日常生活和人际交往的道德体系。因此,社会道德伦理为法律的形成和发展设定了应然边界。习近平同志指出:“以法治承

---

① 参见习近平:《坚持依法治国和以德治国相结合》,载新华网,http://www.xinhuanet.com/politics/2016-12/10/c_1120093133.htm。

② 参见《孟子·离娄章句上》。

载道德理念,道德才有可靠制度支撑。法律法规要树立鲜明道德导向,弘扬美德义行,立法、执法、司法都要体现社会主义道德要求,都要把社会主义核心价值观贯穿其中,使社会主义法治成为良法善治。"[①]换言之,法律凝结着社会的基本价值取向和道德规范,遵守法律就是遵守最低限度的道德,道德是法治的基础。

道德为法律施行提供良好的社会环境。好的法律制度需要人的自觉遵守和执行才能发挥效力,从而真正调整社会关系,维护社会秩序。单纯依靠暴力强迫人们服从的法律是无法长久的,因为这样会削弱人们遵守法律的自觉性。这样的"暴政"国家也将因无法获得人们的信任而遭到推翻,历史上无数次的政权更迭充分地证明了这一点。人们只有在道德认同和道德情感的共同作用下,才会对法律制度产生共情,才能建立深厚的法治信仰——人对法治内涵和法治精神达到高度认同和遵从的心理机制。相对于作为硬约束和他律性的法律,道德是一种软约束和自律性的社会规范,它可以通过内心的价值确认将外部行为规范转化为内在的自我约束,促使人们主动地学习和认识法律规范内容,正当地主张权利和积极地承担责任。在道德觉悟普遍高涨的社会环境下,法治的良性发展才能拥有充分的空间。因此,正如习近平同志所言:要重视发挥道德的教化作用,提高全社会文明程度,为全面依法治国创造良好人文环境。[②]

法治应当保障德治。习近平同志指出,要运用法治手段解决道德领域突出问题。[③] 道德的强制力往往源于社会对错误行为人

① 习近平:《法安天下,德润人心》,载共产党员网,https://news.12371.cn/2016/12/12/ARTI1481520359383461.shtml。

② 参见习近平:《法安天下,德润人心》,载共产党员网,https://news.12371.cn/2016/12/12/ARTI1481520359383461.shtml。

③ 参见习近平:《法安天下,德润人心》,载共产党员网,https://news.12371.cn/2016/12/12/ARTI1481520359383461.shtml。

的指责，约束力较弱。如果采取不当行为的行为人不认同某一道德，或者对于道德指责存在心理漠视，那么他就不会遵从道德，反而更有可能胡作非为。这个时候就需要法治借助国家强制力来威慑和迫使道德感弱的人遵守社会规范，并在遵从社会规范的过程中接受相应的道德观。这在法律中有不少体现，例如，民法中就强调“公序良俗”和“诚实守信”的基本原则，而这也是中华民族历来公认的传统美德。除此以外，为了加强社会信用体系的建设，我国建立并不断完善征信系统，严厉惩戒失信人员，通过法治的刚性措施来引导和弘扬社会主义核心价值观。而从另一个角度来看，法律还可以鼓励和表彰善人善行，从而激励人们崇法向善。

法治与德治的功能可以相互转换。我们已经看到，法治和德治是相辅相成的，而在历史的长河中，它们又是良好治理模式的一体两面，它们之间的比例是可以流动和交换的。在相互流动方面，根据不同时代的国情，法治和德治在维护社会秩序方面具有不同程度的效果，因而两者各自得到的强调在不同时期也有所不同。如《周礼·秋官司寇·大司寇》所言：“大司寇之职，掌建邦之三典，以佐王刑邦国，诘四方。一曰，刑新国用轻典；二曰，刑平国用中典；三曰，刑乱国用重典。”①如果社会秩序混乱，那么应该强调法治的作用，以强制力保证人们的行为回归秩序，进而实现道德教化；反之亦然。就法治和德治可以相互变换而言，法律可以构建新道德，充实德治的基础。比如，当代法治强调民主和平等，通过立法、执法和司法来不断打破封建等级观念，铲除旧道德中不正当的尊卑内容，弘扬人人平等和自由，从而建立新道德，这就是法律向道德转化的具体表现。

事实充分证明，德治和法治相辅相成的观念深植于中国法律传统中。一直以来，德主刑辅、礼法结合都是中国传统法律文化的

① 《周礼·秋官司寇·大司寇》。

基本特征。孟子认为，人民尊重国家法度，心中有道义，统治者施以仁政，国家才能太平："离娄之明，公输子之巧，不以规矩，不能成方圆；师旷之聪，不以六律，不能正五音；尧舜之道，不以仁政，不能平治天下……故曰，徒善不足以为政，徒法不能以自行……上无道揆也，下无法守也。朝不信道，工不信度。君子犯义，小人犯刑，国之所存者幸也……上无礼，下无学，贼民兴，丧无日矣……"①这种以德法并行实现国家兴旺、长治久安的治国观念，历朝历代的圣君无不熟稔，如唐太宗命长孙无忌所修纂的法典《唐律疏议》中，开篇就表明了"德"与"法"之间的关系："德礼为政教之本，刑罚为政教之用。"②而在司法实践中，审判官也往往依据"情、理、法"断案，尽力做到情法两平，以服民众。

在思想源流上，皋陶对德治和法治的融合提出了精辟的论述。上述孟子所提的"尧舜之道"与皋陶处在同一时期，且皋陶辅佐过舜及其继位者禹。从时间上和人物地位上来说，皋陶对于德治和法治关系的论述最具本初意味，其对大禹说的"允迪厥德，谟明弼谐"③便体现了其对德治的基本观点。皋陶的德治是对君王的要求，如果君王遵守道德，以身作则，那么群臣就会忠心跟随、尽力辅佐。在皋陶看来，德治就是榜样效应，教化育人，上下皆有道德。同时，法治是对德治的补充和保障。皋陶明确说道："……天命有德，五服五章哉！天讨有罪，五刑五用哉！政事懋哉懋哉！"④也就是说，要弘扬德行，对于破坏社会秩序、违背道德的人，要施以刑罚，这与"法律是道德的底线"的现代法理观紧密契合。

---

① 《孟子·离娄章句上》。

② 《唐律疏议·名例律》。

③ 《尚书·皋陶谟》。

④ 《尚书·皋陶谟》。

三、发展社会主义民主政治的重要需求

皋陶法治精神的内核在于以人民为中心，凸显民本精神，这是发展社会主义民主政治的重要需求。

保障人民当家作主，满足人民群众对民主、法治、公平、正义、安全、环境等日益增长的要求是建设中国特色社会主义法治体系的需要。习近平同志指出："要始终坚持以人民为中心，坚持法治为了人民、依靠人民、造福人民、保护人民，把体现人民利益、反映人民愿望、维护人民权益、增进人民福祉落实到法治体系建设全过程。"①中国特色社会主义民主政治的本质是人民当家作主，坚持党的领导，保证人民群众积极参与社会政治活动和决策，充分表达自己的诉求，并得到政治反馈的切实满足。而法治的目的就在于保障人民参政议政的权利，实现人民的基本权益和自由。

民主是法治的基本前提，是法治的合法性和合理性的根本来源。从合法性的角度看，民主政治意味着重要的官员由人民选举，重要的事项由人民表决，重要的事务由人民决定，不应该有人凌驾于人民之上，只有人民决定的法律规范才能约束人民，因此"依何法而治"需要经过人民的同意才具备合法性，我国的法律必须由全国人民代表大会表决通过才能生效充分体现了这一基本要求。另外，文本上的法律和实践中的法治是不同的，"如何依法而治"也需要经过人民检验并不断调整，从这个意义上说，人民决定了法治过程的合理性。法治不单纯是对国家的要求，还需要人民的实际参与。一方面，人民切实遵守法律规范，心中有法，法律才能有所实效，而不是一纸空文；另一方面，人民监督执法过程，才能约束公权

---

① 《习近平在中共中央政治局第三十五次集体学习时强调　坚定不移走中国特色社会主义法治道路　更好推进中国特色社会主义法治体系建设》，载人民网2021年12月7日，http://jhsjk.people.cn/article/32301925。

力,防止人治超越法治,保障法律权威。所以,民主贯穿于法治的整个过程,是法治的目的和基础。

法治是民主的制度保障。民主不是纸上谈兵,它作为一种政治形式,需要制度表达和制度规范才能得到有效推进和实施。首先,民主需要得到根本法的宣告和确认。《宪法》第2条第1款明确规定:“中华人民共和国的一切权力属于人民。”由此可见,主权在民是民主与专制之间最根本的区别。其次,法治保证每个人的政治权利是平等的,人人都有参政议政的权利,并且利益呼声可以得到同样的关注和回应。我国《宪法》规定,“中华人民共和国公民在法律面前一律平等”①,并要求在投票选举人大代表的时候采用无记名投票制,这些都是为了保护平等政治权利。最后,民主不是混乱的无政府主义,需要在一定的秩序中进行。在有序的环境中,人民的利益不仅能得到切实保障,还能集中人民的智慧,集中力量办大事,推动国家建设。因此,民主和法治是国家治理现代化的两个关键抓手。

民主归根结底在于以民为本,而民本思想在中国由来已久,几乎是中国传统治国理政思想的基本内涵。民本的第一层含义是国家之根基,强调国民的客体性。老子在《道德经》中提出,“贵以贱为本,高以下为基”孔子则直接表达了治理目标,“道之以政,齐之以刑,民免而无耻”②;孟子则将民本思想上升到至高的地位,即所谓“民为贵,社稷次之,君为轻”③。民本的第二层含义在于民具有主体性,能够决定国家之兴亡。孟子说,人民可以决定官员的任选和对贪官污吏的惩处,其指出:“国君进贤,如不得已,将使卑逾尊,疏逾戚,可不慎与?左右皆曰贤,未可也;诸大夫皆曰贤,未可也;

---

① 《宪法》第33条第2款。

② 《论语·为政》。

③ 《孟子·尽心章句下》。

国人皆曰贤，然后察之；见贤焉，然后用之。左右皆曰不可，勿听；诸大夫皆曰不可，勿听；国人皆曰不可，然后察之；见不可焉，然后去之。左右皆曰可杀，勿听；诸大夫皆曰可杀，勿听；国人皆曰可杀，然后察之，见可杀焉，然后杀之。故曰，国人杀之也。如此，然后可以为民父母。"[①]孟子甚至认为，如果君主不仁，那么他就变成了独夫民贼，人民可以推翻他。在这点上，唐太宗反复用《荀子·王制》的一句话来警醒自己，即人们熟知的"君者，舟也；庶人者，水也；水则载舟，水则覆舟"[②]。由此可见，国家的兴旺取决于人民的幸福和认同，这是数千年的治理实践总结出来的基本共识，在一定程度上孕育了中国现代民主的早期萌芽。

皋陶是民本思想之源。《尚书·五子之歌》在谈到夏启的治理观时，有如下表述：皇祖有训，民可近，不可下，民惟邦本，本固邦宁。[③] 由此可见，民本思想很早就出现了，而皋陶提出了对民本思想更为系统的论述。第一，治理天下是为了安民。如前所述，皋陶把知人和安民一并提出，认为君主选贤任官的根本目的是保障人民的安定生活。第二，民意所向是政权合法性的来源。虽然皋陶强调天命是君主履行职责的来源，但是天人之间存在一定的疏离，需要集体民意来沟通表达天意。皋陶指出："天聪明，自我民聪明。天明畏，自我民明威。达于上下，敬哉有土！"[④]可以看出，皋陶所提的民本思想已经暗含"以人民为中心""保护人民权益"的民主政治核心主张。因此，为了进一步发展中国特色社会主义民主政治，并加强相关的社会认同，发掘历史上的皋陶民本思想是一种重要需求。

---

① 《孟子·梁惠王章句下》。
② 《荀子·王制》。
③ 参见《尚书·五子之歌》。
④ 《尚书·皋陶谟》。

四、维护社会公平正义的历史传承

皋陶法治精神体现了维护公平正义的普世追求,而弘扬皋陶法治精神一定程度上是对中国公正观念的历史传承。

实现公平正义是法治的基本要求。如果法律不公正,人们便会对法律失去信任,国家公信力随之受挫,国家的长治久安难以得到保证。按照亚里士多德的说法,正义可以分为分配正义和矫正正义。分配正义主要指立法的正义,重点在于主权者通过立法来对人的权利、义务进行公正合理的配置,并设置奖惩手段。矫正正义则是司法过程的正义,集中在具体纠纷或违法行为发生时,司法机构公正地确定事实、适用法律,以作出正确的裁决,让纠纷恢复原有的正常关系。因此,法律能否合理地分配权利和义务,司法能否令人满意地定分止争,是判断社会公平正义是否能够实现的核心依据。

而司法正义根据裁判形式可以分为形式正义和实质正义。形式正义指的是法官严格按照法律程序和法律规则进行司法裁判所得到的结果,这种方式以英美普通法为代表。简单来说,法官居于中立被动的位置,原被告双方各处一侧,拥有平等的法律地位,并各自按照诉讼程序进行告诉和答辩,相互一来一回公平辩论,好似一场“决斗”,最终法官和陪审团根据庭审的状况作出判决,若有人违反程序规定,则很容易被判败诉。与之相反,中国传统社会一向强调实质正义的重要性。实质正义指的是法官要努力查明真相,将权利义务关系恢复到原本的面目。在这个意义上,实质正义不但要求解决纠纷,而且要让真正的受害者得到救济,让真正的侵害者受到惩罚。这就对法官的主观能动性提出了较高的要求,法官需要介入事实调查,揭示案情真正的原委,并作出正确的判决。马克斯·韦伯虽然在归纳中国司法特征时并不完全正确,但其将中国的裁判形式认定为追求实质的类型是有一定道理的。[①] 例如，宋代有正式判决前同级官僚集体审核、签署意见的程序，明清时期有逐级复审和会审制度，这些程序制度一定程度上都是为了尽可能减少错案、保证裁判公正而设计的。[②]

皋陶法治精神所蕴含的公平正义正体现了对实质正义的追求。皋陶本人作为司法官时，大公无私，秉公执法，人人都信服皋陶的公正判决。正如《史记·五帝本纪》中所言：皋陶为大理，平，民各伏得其实。在明辨善恶的獬豸神兽的帮助下，皋陶能够直击真相，其断案如神的形象越发突出。因此，《史记正义》称“皋陶作士，正平天下之罪恶也”。除了亲身实践、秉持公正，皋陶也确实从其慎刑的观点中透露了对实质正义的根本追求。在《尚书·大禹谟》中，皋陶说过这样一段话，“宥过无大，刑故无小；罪疑惟轻，功疑惟重；与其杀不辜，宁失不经”，其基本内涵是，善罚要恰当，对于不能确信的犯罪要从轻处罚，对于不能确定的功劳要从重加赏，宁愿放过真正的犯人，也不能错杀无辜。换言之，皋陶认为在不确定事实真相的情况下，法官不能轻易作出裁断和刑罚。这充分表明了实质正义是皋陶法治思想的基本价值追求。反观当下，实质正义依然是新时代中国司法工作的核心价值。习近平同志在党的二十大报告中强调：“公正司法是维护社会公平正义的最后一道防线……加快建设公正高效权威的社会主义司法制度，努力让人民群众在每一个司法案件中感受到公平正义。”[③]在这个意义上，皋陶法治精神在促进当代司法公正和社会公平上必然具有重要的文化

---

① 参见［德］马克斯·韦伯：《新教伦理与资本主义精神》，康乐、简惠美译，广西师范大学出版社 2010 年版，第 232 页。

② 参见叶孝信、郭建主编：《中国法制史》（第 3 版），复旦大学出版社有限公司 2017 年版，第 157、204～205、218～220 页。

③ 习近平：《高举中国特色社会主义伟大旗帜　为全面建设社会主义现代化国家而团结奋斗——在中国共产党第二十次全国代表大会上的报告》，人民出版社 2022 年版，第 42 页。

价值。

五、提高党的治国理政能力的内生激励

皋陶法治精神在促进党的治国理政能力方面具有重要意义，体现了修身精神。

法治在当代中国表现为全面依法治国，其中谁来依据法律治理国家，则是法律能否有效实施的关键。人民在中国共产党的领导下实现依法治国。中国共产党引领和指导法治工作队伍建设、发展和工作，从而推进建设中国特色社会主义法治体系。另外，能否实现法治是治国理政能力的突出表现。习近平同志指出："法治是国家治理体系和治理能力的重要依托。只有全面依法治国才能有效保障国家治理体系的系统性、规范性、协调性，才能最大限度凝聚社会共识。"①因此，党在全面依法治国上的领导力和实践力构成了其治国理政能力的核心评价之一，而提高党的法治能力意味着促进党的治国理政能力。

为了进一步说明领导和执法队伍对于全面依法治国的价值，有必要对其具体作用做一番说明，然后指出相关皋陶法治精神在促进队伍建设方面的重要意义。

党和法治的关系是法治建设的核心问题，而坚持中国共产党的领导是社会主义法治的根本要求。党的十八届四中全会明确指出："党的领导是中国特色社会主义最本质的特征，是社会主义法治最根本的保证。把党的领导贯彻到依法治国全过程和各方面，

---

① 《习近平在中央全面依法治国工作会议上强调　坚定不移走中国特色社会主义法治道路　为全面建设社会主义现代化国家提供有力法治保障》，载人民网 2020 年 11 月 18 日，http://jhsjk.people.cn/article/31934590。

是我国社会主义法治建设的一条基本经验。”①党的二十大报告继续指出:“坚决维护党中央权威和集中统一领导,把党的领导落实到党和国家事业各领域各方面各环节,使党始终成为风雨来袭时全体人民最可靠的主心骨……”②党的领导和社会主义法治是一致的,在中国,法不仅是人民的意志,也是党的主张,两者之间是统一契合的。因此,在推进全面依法治国的过程中,党的领导是应有之义,而党的首要任务就是坚持和改善党对全面依法治国的领导,提升党自身在法治中的领导素质,加强党领导立法、保证执法、支持司法、带头守法。

在社会主义法治建设过程中,除坚持党的领导外,加强法治工作队伍建设也是不容忽视的重点。法治要求科学立法、严格执法、公正司法、全民守法。第一,立法机关及相关的立法咨询和建议主体应当严格遵守《宪法》的规定,在充分调查社会问题的基础上,体系化、理性化地制定相关法律法规,保证立法适应社会法治的需要。第二,国家各级行政机构及其工作人员必须严格执法,接受法治培训,杜绝执法和社会管理过程中不规范、不合理、不合法的现象,维护社会稳定,保障经济社会发展的良好环境,从而提升政府的威信。第三,法官在司法裁判中应该以事实为依据,以法律为准绳,独立审判,公正地作出裁决,同时司法行政机构应该切实履行有关监狱、律师、公证、人民调解、法学教育研究等广泛的司法管理职责,全面提升司法公信力,真正保障人民的权利和义务,让人们感受到法治的重要价值。第四,在政府行政和社会治理中,政府单

---

① 《中共中央关于全面推进依法治国若干重大问题的决定(2014 年 10 月 23 日中国共产党第十八届中央委员会第四次全体会议通过)》,载中国人大网,http://www. npc. gov. cn/zgrdw/npc/zt/qt/sbjszqh/2014 - 10/29/content_1883449. htm。

② 习近平:《高举中国特色社会主义伟大旗帜　为全面建设社会主义现代化国家而团结奋斗——在中国共产党第二十次全国代表大会上的报告》,人民出版社 2022 年版,第 26 页。

位和相关公职人员只有主动守法、克己奉公、清正廉洁、服务群众，人们才有可能信赖法律、自觉守法，法治精神才会深入人心。因此，法治工作队伍建设对于促进执法能力和司法能力的现代化至关重要，是建立国家治理体系和治理能力现代化的基本内容。

皋陶法治精神对于建设有担当、有水平、有活力的国家法治队伍具有激励作用，这主要体现在皋陶对于"慎身"和"九德"两方面的论述上。总体来说，"慎身"和"九德"皆旨在提升官员自身素质和品质，是一种道德性的、需要内化的精神要求。关于慎身的思想，禹曾问皋陶，如何才能做到"允迪厥德，谟明弼谐"。皋陶回答道："都！慎厥身，修思永。惇叙九族，庶明励翼，迩可远在兹。"[①]这句话意指领导者应该认真修治自身，深谋远虑，处理好九族关系，从而使能人贤者努力工作，恭敬服从，解决远近问题，就在于此。[②]实际上，慎身即修身，皋陶将修身标准归为"九德"，并将其作为任选贤能的基本标准，而皋陶的"慎身""九德"思想恰恰是提升党和政府治国理政能力的重要精神激励。

---

① 《尚书·皋陶谟》。

② 参见金景芳、吕绍纲：《〈皋陶谟〉新解》，载《社会科学辑刊》1993年第5期。

皋陶明刑

(既有研究大多认为皋陶时期所实施的五刑为墨、劓、剕、宫、大辟,即“上古五刑”。图为皋陶在山洞内向大首领们讲述刑罚的重要意义)

第二节 皋陶法治精神在当代法治建设中的实践

不可否认,皋陶法治精神的内涵和价值是极为重要和深刻的,其所包含的善治精神、民本精神、公正精神、修身精神四个内涵均在当代中国法治建设实践中得到了延续和发展,皋陶作为法治先驱的伟大智慧得到了彰显。

一、善治精神的实践

皋陶的善治精神主要强调的是德治与法治的有机结合,二者不可偏废。中国当代的立法实践和司法实践充分体现了对善治精神的坚守。

(一)《民法典》的颁布与以法弘德

法治的首要前提是有明确的规则和法律,从而通过执法、司法和守法来保证全面依法治国的施行和贯彻。因此,立法确定了法治的基本框架,法律的良善勾勒出法治环境的良善。换言之,如果国家法律过于严苛,只强调人民的义务和施以重刑,那么不但在执法时会困难重重,存在官吏肆意妄为的现象,而且百姓会因苦于国无法度而失去对国家的信心。当初,皋陶之所以"作刑",成为立法先驱,正是因为他清楚地意识到,立法不仅是为了规范人民的行为,也是为了限制官员的权力,治国之人不能忘记对道德品行的推崇。

当代中国,立法实践正不断趋向科学合理,最典型的例子便是我国《宪法》的制定。宪法作为一国的根本大法,具有最高的法律地位,这是符合法治基本精神的,即没有人可以超越法律进行活动。我国《宪法》的突出特点在于,其着重强调了主权在民的原则,我国《宪法》规定："中华人民共和国的一切权力属于人民。"①同时，它尊重各族人民的风俗传统，《宪法》第2条第4款规定："各民族都有使用和发展自己的语言文字的自由，都有保持或者改革自己的风俗习惯的自由。"此外，我国宪法还蕴含对传统优良道德的肯定和坚持，如《宪法》第49条第1款规定，"婚姻、家庭、母亲和儿童受国家的保护"②，并提出对亲属和睦、尊老爱幼等观念的强调。③ 可见，通过确立尊重人权、维护道德等原则，我国《宪法》为法治的良善基因构建了成长环境。

除此以外，近年来《民法典》的颁布和实施也显著体现了德法兼治的善治精神。正如习近平同志所强调的："民法典系统整合了新中国70多年来长期实践形成的民事法律规范，汲取了中华民族5000多年优秀法律文化，借鉴了人类法治文明建设有益成果，是一部体现我国社会主义性质、符合人民利益和愿望、顺应时代发展要求的民法典，是一部体现对生命健康、财产安全、交易便利、生活幸福、人格尊严等各方面权利平等保护的民法典，是一部具有鲜明中国特色、实践特色、时代特色的民法典。"④

《民法典》的颁布不仅意味着中国民事法律在法律形式上实现了法典化和体系化，更为重要的是，其具有满足社会发展需求和引领新时代治理模式的价值功能。放眼寰宇，我国《民法典》的一大特征就是对以人为本、立足民族精神的价值理念表达。就像有的学者所指出的那样："民法的本质价值是对人的价值的承认，民法的终极价值是对人的关爱，最高目标是服务于人的尊严和人的发

---

① 《宪法》第2条第1款。

② 《宪法》第49条第1款。

③ 参见《宪法》第49条第3、4款。

④ 习近平：《充分认识颁布实施民法典重大意义　依法更好保障人民合法权益》，载人民网2020年5月30日，http://jhsjk.people.cn/article/31729540。

展。”[①]爱民、尊民本身就是一种德行高尚的表现。另外，《民法典》的民族性更加深刻烙印着传统文化价值的印迹。换言之，《民法典》体现了一个民族的政治、经济与文化的发展水平。[②] 在各个层面，《民法典》都表现了中国智慧与中国特色。比如，我国《民法典》强调社会主义核心价值观，其第 1043 条第 1 款规定：“家庭应当树立优良家风，弘扬家庭美德，重视家庭文明建设。”这体现了传统道德中注重家庭和睦友爱的重要方面，而这类优良传统道德和法治精神的有机结合在我国《民法典》中比比皆是。

《民法典》与良法善治最契合之处在于它对社会主义核心价值观的坚持和容纳。社会主义核心价值观是对新时代优良德行的总结和弘扬，如同皋陶口中的“九德”一样，它的目的在于通过培养官员和人民的道德品质来实现社会和谐。换言之，建设社会主义核心价值观属于德治的重要内容，其体现了良善社会的基本标准。法律的正当性需要道德价值的证成，而道德也需要法律的保障。古希腊哲学家亚里士多德认为：“法治应包含两重意义：已成立的法律获得普遍的服从，而大家所服从的法律又应该本身是制定得良好的法律。”[③]我国《民法典》充分汲取社会主义核心价值观，实现了走向善治的制度构建。其一，《民法典》第 1 条就明确规定：“为了保护民事主体的合法权益，调整民事关系，维护社会和经济秩序，适应中国特色社会主义发展要求，弘扬社会主义核心价值观，根据宪法，制定本法。”其二，《民法典》全文多处出现与社会主义核心价值观内容相似的措辞。据有关统计，《民法典》中写有“自由”的条款有 8 条，写有“平等”的条款有 12 条，写有“诚信”的条款

---

① 杨震、孙毅：《我国民法典的时代价值》，载《求是学刊》2021 年第 5 期。

② 参见许中缘：《政治性、民族性、体系性与中国民法典》，载《法学家》2018 年第 6 期。

③ ［古希腊］亚里士多德：《政治学》，吴寿彭译，商务印书馆 1965 年版，第 199 页。

有6条，共计26条，远高于以往的民事法律。[①] 因此，《民法典》在推动德法合治上的重要性不言而喻。

具体而言，《民法典》至少从三个层面体现了德法合治。

首先，《民法典》在尊崇人的价值理念下，突破传统民法典的编排结构，将保护人格权的内容单独成编。

其次，在原则层面，《民法典》在吸收以往民事立法的基础上，首次明确提出"公序良俗"原则。在《民法典》颁布之前，我国单行法律没有真正表达"公序良俗"的概念。通常认为，原《民法通则》中的"民事活动应当尊重社会公德，不得损害社会公共利益，破坏国家经济计划，扰乱社会经济秩序"[②]的规定，体现了"公序良俗原则"。《民法典》第8条凝练了公德、公益和公序的核心价值，严谨科学地将它们表述为："民事主体从事民事活动，不得违反法律，不得违背公序良俗。"至此，民事立法将社会道德规范予以吸收和保护。

最后，在内容条款上，《民法典》继承编的部分条款对家庭伦理的复杂性予以了充分考虑和尊重。比如，《民法典》第1125条除了规定了继承权丧失的情况外，还在该条第2款中新增了以往立法所没有的继承宽宥制度，即除非继承人故意杀害被继承人和其他继承人，否则在其他所列行为之下，"确有悔改表现，被继承人表示宽恕或者事后在遗嘱中将其列为继承人的，该继承人不丧失继承权"。血缘、婚姻、亲属构成的特殊家庭身份关系使被继承人和继承人之间的关系无法轻易被斩断，"浪子回头"、"破镜重圆"和家庭美满又都是中国传统家庭伦理所追求和鼓励的，因此这一条款的初衷在于，既满足家庭伦理的复杂需求，又保护私法自治的法律原

---

① 参见赵玉增：《走向"良法善治"的民法典》，载《云南大学学报(社会科学版)》2022年第1期。

② 参见原《民法通则》第7条。

则,实现对继承性的充分保护。[①]

(二)裁判说理中的德法结合

除了法律文本,法官在实践过程中也常常将“情、理、法”的说理带入裁判之中,实现在依法裁判的同时以德服人,曾轰动一时的“宜兴胚胎案”的二审判决书就具有很好的代表性。

“宜兴胚胎案”系中国首例冷冻胚胎继承权纠纷案。沈某1与刘某1曾前往南京鼓楼医院生殖医学中心就诊,准备做体外受精——胚胎移植助孕手术,但之后夫妻二人遭遇车祸身亡。双方父母遂与南京鼓楼医院交涉,希望获得胚胎的处置权,却被拒绝。沈某2夫妇最后将刘某2夫妇连同南京鼓楼医院作为第三人一起告上法庭,要求取得冷冻胚胎的继承权。2014年5月15日,宜兴市人民法院一审认为,冷冻胚胎属含有未来生命特征的特殊之物,不能成为继承标的,判决驳回原告诉讼请求。原告不服判决,遂上诉至无锡市中级人民法院。2014年9月17日,无锡市中级人民法院作出终审判决,原被告双方共同监管和处置冷冻胚胎。[②] 二审判决的结果令人满意,被媒体大众称赞为“好判决”。这一方面是因为法官适用和解释法律得当,另一方面要归功于法官对情、理、法的巧妙运用,这表现在以下三个方面。

第一,判决说理充分,“合情合理”,弥补法律空白。冷冻胚胎是医学进步的产物,当时民法尚无任何规定。仅有《人类辅助生殖技术管理办法》《人类辅助生殖技术规范》《人类辅助生殖技术和人类精子库伦理原则》《人类辅助生殖技术与人类精子库评审、审核和审批管理程序》四部部门规章涉及,但它们的适用对象仅是医疗机构和从业人员,尚未涉及民事司法领域。故此案存在双重法律

---

① 参见龙翼飞、阴赵丹:《〈民法典〉继承宽宥的制度价值与法律适用》,载《理论学刊》2022年第4期。

② 参见《宜兴胚胎继承权案二审大逆转,失独老人拿回四枚冷冻胚胎处置权》,载扬子晚报网,http://www.yangtse.com/minsheng/2014-09-18/282941.html。

空白,一是冷冻胚胎的属性界定,二是冷冻胚胎能否作为继承的对象。针对前者,法院认为:“胚胎是介于人与物之间的过渡存在,具有孕育成生命的潜质,比非生命体具有更高的道德地位,应受到特殊尊重与保护。”[①]而本案法官采取“过渡说”来界定胚胎属性,主要是参考了“自学者学说”和美国得克萨斯州的一个类似案件。[②]关于冷冻胚胎的权利问题,此案判决中运用了多种理由,毫不避讳地罗列了“一是伦理”“二是情感”“三是特殊利益保护”,[③]这三大理由表面上体现了传统的“情、理、法”,但实际内容却有所不同。首先,伦理仅指“生命伦理”,胚胎是“家族血脉的载体”,并不包括长幼之间不平等的隶属关系。其次,“情”依旧包含“情实”和“人情”两个方面,但“情感慰藉”表明“情”不再含有规范性因素。再次,“理”除了“天理”或“伦理”以外,还包括科学原理,如论述胚胎的生命伦理特征时,此案判决书指出其“不仅含有沈某1、刘某1的DNA等遗传物质,而且含有双方父母两个家族的遗传信息,双方父母与涉案胚胎亦具有生命伦理上的密切关联性”[④]。最后,“法”不仅包含制定法和私法中“特殊利益保护”的“法意”,有时域外之法和学说也能作为参考和借鉴。

第二,判决融入情感因素,正视社会心理和价值。“白发人送黑发人,乃人生至悲之事,更何况暮年遽丧独子、独女!沈某1、刘某1意外死亡,其父母承欢膝下、纵享天伦之乐不再,‘失独’之痛,非常人所能体味。”[⑤]这一句把丧失子女的情感表现得淋漓尽致,文学气息浓郁的语言和感叹号的使用实属罕见,一读起来,至悲至切

① 江苏省无锡市中级人民法院民事判决书,(2014)锡民终字第01235号。

② 参见《江苏宜兴胚胎案大逆转,法院:司法不是迁就》,载人民网,http://js.people.com.cn/n/2014/0920/c360305—22378117.html。

③ 参见江苏省无锡市中级人民法院民事判决书,(2014)锡民终字第01235号。

④ 江苏省无锡市中级人民法院民事判决书,(2014)锡民终字第01235号。

⑤ 江苏省无锡市中级人民法院民事判决书,(2014)锡民终字第01235号。

之感油然而生，令人感同身受，独怆然而涕下，故单单此句就能达到“哀思寄托、精神慰藉、情感抚慰”的良效。如此富有同情心的亲切判决，加之“享有涉案胚胎的监管权和处置权于情于理是恰当的”[①]，怎能不让常人理解和信服呢？

第三，判决秉持法律至上的司法理念。毋庸置疑，要实现法治理想，法律人必须坚持“以事实为依据，以法律为准绳”。事实上，“于情于理”的华丽包装之下，法官一直在竭力维护法律的最高权威，以法治为价值取向。此案判决中不断出现“人格利益”“特殊利益”“倾向性利益”“密切关联性”等字眼，无非是想证明这些都是宪法和法律所保护的权益，并没有违反或回避法律，反而是对法律的遵守。除此之外，我们必须明确“伦理”“感情”“特殊利益保护”这三大理由仅仅是“本院认为，公民合法的民事权益受法律保护。基于以下理由”的结果，其本身不是裁判依据或法律渊源，而实际的裁判依据只有一个——法律。法院最后认为：“……监管权和处置权合情、合理，且不违反法律禁止性规定，本院应予支持。依照《中华人民共和国民法通则》第五条、第六条、第七条，《中华人民共和国民事诉讼法》第一百七十条第一款第（二）项之规定……”[②]由此可见，“不违反法律禁止性规定”和原《民法通则》规定的基本原则才是真正的裁判依据，“情理”不过是说理工具而已。在这个意义上，该案的“情、理、法”与传统的“情、理、法”有天壤之别。不仅如此，为避免当事人违法使用胚胎，判决特意在最后倡导其行使处置权和监管权时不得违反法律。因此，司法价值取向已转向法律，又兼顾了伦理。

事实上，当代司法实践中不乏这种以德服人与以理服人的法院判决，而司法与立法充分体现了中国特色社会主义法律体系对

---

① 江苏省无锡市中级人民法院民事判决书，(2014)锡民终字第01235号。

② 江苏省无锡市中级人民法院民事判决书，(2014)锡民终字第01235号。

于善治精神的追求。

(三)法治文化宣传与以德促法

司法实践从广义上来说不单是法院的审判实践,更应该包括司法行政机关的管理、保障和教育宣传实践。其中,以六安市皋陶文化基地建设和运营为代表的法治文化宣传实践充分体现了司法行政机关在以德治促进法治方面的重要作用。

为了进一步加强对皋陶法治文化的宣传与弘扬,六安市政府于2015年10月在市民广场建成了皋陶法治文化基地。在皋陶法治文化展厅内,展示内容分为序言、华夏瑰宝、法治符号、祭祀传统、文脉传人及后续(皋陶与古六国的渊源)六个板块,集中展现了皋陶的法治精神与风貌。2020年11月,安徽省六安市皋陶法治文化基地入选第三批全国法治宣传教育基地名单。此外,安徽省六安市皋陶法治文化基地与周边的市图书馆皋陶法律专区、皖西博物馆皋陶法治专区、悠然蓝溪旅游景区皋陶五礼园,以及古皋陶墓、皋陶祠形成了系列皋陶法治文化宣传链条,对宣传皋陶法治文化产生了积极的影响。

安徽省六安市皋陶法治文化基地面向全国民众,全面、深入弘扬中国优秀传统法律文化,让每一位参观者在身临其境的同时,点燃崇法向善的道德感和法律意识。自从向社会公众免费开放以来,该基地累计接待参观者超过600万人次,并吸引了多个省市人员前来观摩学习,宣传辐射效应明显。相关法治文化宣传进一步体现在以下几个方面:

第一,丰富宣传展示内容,夯实法治建设。为了进一步丰富法治阵地内容,扩大国家级基地的影响力和服务功能,六安市政府在市文化馆皋陶法治文化展厅展出《皋陶与獬豸》《法鼎》两件青铜雕塑作品,在市图书馆开辟"皋陶法律文化专区",并采购与皋陶有关的法律类、中华优秀法治文化类书目一万余册(种)。同时,六安当地创作了彩绘《獬豸群图》、国画《皋陶迈种德》,以及多幅有关皋陶名言名录的书法、图符等美术作品作为装饰。在为市民提供崭新的法治文化阵地的同时，六安市也为展示传播皋陶法治文化提供了新窗口。一方面，六安市深度挖掘地域法治文化内涵，以古皋陶墓、皋陶祠遗迹为主阵地，在各级法治广场、公园设立皋陶像、皋陶谟、獬豸、皋陶典故等雕塑；另一方面，其以安徽省六安市皋陶法治文化基地为龙头，推动城市法治文化实体落地，恢复和建设一批有皋陶历史记忆、地域特色的法治文化景点，完成了西大街入口广场皋陶石雕像、浏园古色古香皋陶塔、皋陶学校皋陶法治故事绘画墙等建造和展示。

第二，提炼皋陶文化精粹，体现时代精神。六安市政府加大对皋陶法治思想和皖西革命时期法治实践的传承提炼，加强对皋陶法治文化研究队伍的培育，鼓励和支持皋陶文化研究会工作，宣传推广了一批皋陶文化研究成果。皖西学院于 2019 年承担了“皋陶鼓复制”和“皋陶龠传习所建设”等科研项目，对皋陶在乐器制作、上古音乐发展上的贡献有所研究和展示，又于 2020 年开展了社会科学研究项目“皋陶史料辑考”，对皋陶史料的收集、整理、考释作了一定的贡献。

第三，丰富法治文艺创作，创新文化传承。六安市以皋陶法治文化基地为创作、展示、传播平台，注重对皋陶法治文化进行创新性传承和发展，创作和传播了一大批法治元素浓厚的皋陶主题法治文化作品和法治文艺节目。六安市依据相关史料，以法治小故事的形式，创制了《伟哉皋陶》系列法治动画故事片。该系列动画片已获得多个国家级、省级、市级奖项，如《神羊助判》获第五届“法润江淮 · 共筑美丽安徽”法治微视频作品征集大赛特等奖，《种德三苗》获第十六届全国法治动漫微视频作品征集展示活动三等奖。与此同时，六安市加强对皋陶文化精髓、价值的挖掘，充分运用中华诗词、音乐舞蹈、书法绘画、曲艺杂技等艺术形式进行当代表达，推出了一批底蕴深厚的优秀法治文艺作品，先后创作和推出了庐剧《皋陶魂》、乐舞剧《周公祷》、歌曲《皋陶颂》、舞蹈《皋陶鼓韵》《开天辟地》《文明的曙光》和诗朗诵《让法治之光照耀追梦之路》《皋陶，您是我们的骄傲》等一批演出效果好、群众认可度高的法治文艺作品和节目。

第四，丰富群众法治活动，涵养法治文明。作为安徽省非遗项目之一，清明皋陶祭典活动已经连续19年在六安市成功举办。随着祭典活动影响力的不断扩大，每年都有皋陶后裔和越来越多的市民前来六安市祭拜始祖，感悟皋陶文化。与此同时，为了调动民众参与法治活动的积极性，六安市组织了“皋陶杯”法治文化作品征集，举办了“皋陶杯”法治文化书画展览、“皋陶杯”法治漫画摄影展览等活动。六安市司法局在组织宣传法治活动的工作中发挥了重要作用，在皋陶法治文化基地开展了多项法治宣传教育活动和法治文化活动，如宪法宣传周启动仪式、法治人物发布仪式、法治文化作品颁奖仪式、法治电影首映式、“开学法治第一课”示范宣讲、《民法典》宣传月线上讲座等。此外，六安市创新推出《图图普法》直播和视频栏目，先后出版了《皋陶文化研究》系列刊物和《皋陶与六安》系列文集；其创作拍摄的《伟哉皋陶》系列动画片，持续在皋陶法治文化基地展出、播放，受到了民众的一致好评。

综上，当代中国法治实践中，立法实践、司法审判、司法行政分别将以法弘德、德法结合、以德促法予以深入贯彻，突出了善治精神在法治中国建设中的重要意义。

二、民本精神的实践

皋陶的民本精神是指以民为本，实现人民安居乐业。在当代中国，这主要表现在社会主义民主政治的实践中，其在法治方面则表现为注重调解与审判相结合，深入群众，充分调研，解决社会矛盾和纠纷。特别关键的实例是“马锡五审判方式”、“背包法庭”和“枫桥经验”。

(一)马锡五审判与便民减负

“马锡五审判方式”诞生于20世纪40年代的陕甘宁边区。当时,以马锡五为代表的司法工作者们为了及时解决农村社会矛盾,结合当地实际情况,深入调研,通过巡回法庭的形式就地审理案件,并注重发挥调解的争议解决作用,形成了独特鲜明的审判方式。

1944年1月6日,时任陕甘宁边区政府主席的林伯渠同志在《边区政府一年工作总结》中首次提出:“提倡马锡五同志的审判方式,以便教育群众。”①从此,“马锡五审判方式”被正式命名,并被大力推广,当时的《解放日报》也刊文介绍“马锡五审判方式”的成功经验,鼓励根据地司法人员借鉴和学习马锡五同志的审判方式和司法理念。

“马锡五审判方式”无疑是中国共产党先进的思想政治工作与根据地的调解传统相结合所形成的成果,是颇具中国特色的司法经验。1954年12月1日,时任最高人民法院副院长的马锡五在《新民主主义革命阶段中陕甘宁边区的人民司法工作》一文里重新将陕甘宁边区政府时期审判方式的特征予以归纳,包括就地审判、巡回审判、公开审判、人民陪审制度、调解工作五个方面。②

2009年,最高人民法院在年度工作报告中明确提出,全国各级法院要牢固树立司法为民理念,高度重视推进司法便民工作,继承和发扬“马锡五审判方式”,深入基层,巡回审判,就地办案,方便广大人民群众进行诉讼,减轻群众负担。显然,重提“马锡五审判方式”是我国在建设和谐社会、推行能动司法的环境下推动司法审判改革的一项重要举措。

---

① 张希坡:《马锡五审判方式》,法律出版社1983年版,第55页。

② 参见马锡五:《新民主主义革命阶段中陕甘宁边区的人民司法工作》。转引自中国社会科学院法学研究所民法研究室民诉组、北京政法学院诉讼法教研室民诉组编:《民事诉讼法参考资料》(第1辑),法律出版社1981年版,第12页。

这里以一个现实的案例来说明“马锡五审判方式”追求“为民、利民、便民”的基本特色。这个案例是知名戏曲《刘巧儿》的故事原型,即马锡五审理的封捧儿与张柏的婚姻上诉案。

这个案子的基本案情是,当时陕甘宁边区的华池县有一农户家庭,家中有一女儿叫封芝琴,乳名捧儿。在捧儿 4 岁时,其父为其定下婚约,将其许配给张金才的次子张柏。两名儿女之间两情相悦,成年后也赞同这桩婚事。但到 1943 年,捧儿父亲为多捞取“彩礼”,私自提出解除婚约,并将捧儿卖与土财主朱寿昌。张金才得知后,连夜与族人将捧儿抢回,让其与张柏成了婚。事后,封捧儿的父亲起诉到华池县司法处。华池县司法处以抢亲罪判处张金才有期徒刑 6 个月,并宣布张柏与封芝琴之婚姻无效。对此,张、封两家均表示不服,广大群众亦认为该判决有失公允。而封捧儿更不服判,于是前往庆阳专署告状,途中偶遇马锡五专员,便直接向其申诉,要求秉公处理。

受理该案后,马锡五首先向当地百姓和干部了解前因后果,听取意见,后经深入调查,掌握案件原委,又询问封捧儿和张柏各自的意见,得知双方确为真心相爱。据此,马锡五随即面向广大民众对此案进行公开审判,并作出如下判决:(1)撤销原判决,张柏与封芝琴的婚姻,根据婚姻自主的原则,准予有效。(2)张金才深夜聚众抢亲有碍社会治安,判处有期徒刑 1 年零 6 个月;张德赐、张仲、张老五附和抢婚罪,各判处劳役 3 个月。(3)封捧儿的父亲以女儿为财物,反复出售,违反婚姻法令,判处劳役 3 个月,以示警戒。

判决合情合理,封芝琴和张柏皆大欢喜,双方当事人也均表示服判,群众更是热烈拥护。这个案子轰动了陕甘宁边区,当时延安《解放日报》《新华日报》等报刊纷纷对这一案件进行了报道。该案在中华人民共和国成立后改编为评剧《刘巧儿》,随后又被搬上大荧幕。

从此案中,我们可以看到“马锡五审判方式”的三个基本特点。

一是深入群众，调查案件事实真相。马锡五并不偏听一方的叙述，或只听两造的叙述，而是走入案件的具体环境和背景，依靠群众展开全面调查，挖掘案情真相。二是将审判与调解相结合，发扬司法民主。马锡五在掌握事实之后，没有一断了事，而是发动群众，听取相关意见，公开审理，在审判中带入调解过程和说理思维。这既是因为乡土纠纷中邻里群众是重要的参与者和见证者，又是因为司法者有教育群众、吸引群众的重要使命。三是方便群众，携卷下乡，就地审判，不拘泥于审判形式，鼓励群众参加。通过改革“坐堂审案”的传统司法审理模式，采取便民司法，不但提高了司法效率，而且保证了司法公正，提升了司法公信力。

归根结底，“马锡五审判方式”带来的便民为民内涵，是以皋陶为代表的安民思想的历史延续。历史事实证明，只有深入群众，切实解决人民群众在生产生活中的各自困难和矛盾纠纷，才能得到人民群众的拥护。时代的变迁并未改变便民为民的中国司法底色，推进司法为民、公正司法，努力让人民群众在每一个司法案件中感受到公平正义，依然是民本精神的不变内涵。

（二）“背包法庭”与科技为民

如果说“马锡五审判方式”更多代表的是一种司法为民的理念，那么六安市的“背包法庭”则是将民本理念与当代司法科技充分融合的创新实践，极大地提升了司法的便利性。

针对六安市革命老区、山区、库区的地理环境特点，六安市中级人民法院把司法为民工作做实做细在基层、做深做透在山区，创新打造和使用“移动背包式”科技法庭。“背包法庭”是指，法官深入山区、老区、库区的乡村社区开展巡回办案时，运用所携带的便携式科技设备，在巡回办公点快速搭建起具有高度信息化功能的法庭。依靠此法庭，法官外出办案、巡回审判，能够同步录音录像、同步刻录、网上视频直播庭审、现场打印等；一些简易的民事案件可以当场立案、当场受理、当场审判调解、当场结案，并制作文书、当场送达，实现即收、即审、即结。

实践中，六安市山区人民法庭优先配备“背包法庭”，其他人民法庭、法院机关陆续配齐。六安市各级人民法院在发扬老传统的同时，用好高科技，大力开展巡回审判，外出办案一律使用移动背包科技法庭，让群众少跑路、少花钱、少受累，既提高办案效率，又彰显公开、公正的司法权威。自投入使用以来，全市法院共深入乡村社区巡回审理案件746起，当庭调解率65.3%，取得了案结事了的良好效果，打通了司法为民、司法便民、司法公开的“最后一公里”，得到了广大群众的一致认同。① 2016年，安徽省高级人民法院推广六安经验，为全省基层人民法院都配备了“背包法庭”。之后，“背包法庭”还得到了时任最高人民法院院长周强的充分肯定和认可，并在全国法院诉讼服务中心建设推进会上提出在全国范围内推广，起到了中国现代便捷司法服务的示范性作用。

（三）“枫桥经验”与群众路线

“枫桥经验”相比“马锡五审判方式”和“背包法庭”，源于更加广泛的社会治理领域和历史活动，凝结于“从群众中来，到群众中去”的群众路线，为提升基层治理能力和法治体系建设提供了重要范本。

20世纪60年代初，教育和改造地、富、反、坏“四类分子”是当时全国迫切需要解决的治理难题之一。对此，浙江省诸暨县（现诸暨市）下辖的枫桥镇干部带领人民群众，在社会主义教育运动中，基于“以人为本”的出发点，采取发动群众、教育说理的形式，教育改造“四类分子”，同时坚持“矛盾不上交、就地解决”，开创了“少捕人、治安好”的良好局面。1963年10月底，毛泽东同志在杭州听取了相关汇报，并予以积极肯定，指示有关部门要好好总结。同年

---

① 参见周瑞平：《六安：司法服务有温度　保障发展有力度》，载《人民法院报》2017年12月12日，第6版。

11月22日,毛泽东同志批示:“要各地效仿,经过试点,推广去做。”“枫桥经验”由此成为全国政法战线的一面旗帜。[①]

简单而言,“枫桥经验”的核心要义就是为了群众、发动群众和依靠群众。在当代,枫桥镇干部群众继续发扬“枫桥经验”,并赋予其新的内容和价值。

第一,在村镇基层,继续坚持“小事不出村,大事不出镇,矛盾不上交,就地化解”。在村、镇,甚至一些大型企业中,建立调解组织,通过基层小范围调解的形式快速识别和化解各类群众矛盾。近年来成功调解民间纠纷千余起,调解成功率高达97%,而且绝大部分案件在村一级就得到了良好解决,真正做到了矛盾就地化解,维护了和谐融洽的基层社会秩序。[②]

第二,从实践之初,“枫桥经验”主要面向的就是对犯罪分子和社会不良分子的教育和改造。就地改造“流窜犯”、教育和帮扶失足青少年与一般违法人员,开创了全国先河,有效化解了阶级矛盾,改善了人民生活质量,调动了群众的守法积极性。近年来,枫桥镇开展对于刑满释放人员的帮扶运动,枫桥镇对曾经有过违法行为的人员,坚持“不推一把拉一把,不帮一时帮一世”的原则,投入数量不少的法治宣传经费,帮助数百名刑满释放人员重新找到生活目标和工作职位,成为自食其力和对社会有所贡献的劳动者。据相关统计,改好率达99.15%,[③]其中不乏成为致富能手甚至入党成为村干部的人。

第三,与时俱进,枫桥镇开创了外来务工人员管理的新模式。

---

① 参见金伯中:《“枫桥经验”的发展历程与重要启示》,载浙江在线网,https://zjnews.zjol.com.cn/dsxx/202111/t20211122_23391953.shtml。

② 参见《“枫桥经验”到底是什么?为啥习总书记强调必须坚持发展好?》,载搜狐网2018年8月22日,https://www.sohu.com/a/249478247_100014762。

③ 参见《“枫桥经验”到底是什么?为啥习总书记强调必须坚持发展好?》,载搜狐网2018年8月22日,https://www.sohu.com/a/249478247_100014762。

改革开放以来，随着经济的快速发展，长三角地区劳动力需求扩大，人口流动频繁，如何管理外来务工人员，使他们在务工地获得幸福感，成为劳动力流入地的主要挑战。枫桥镇在总结原有基层治理经验的基础上，开拓进取，针对外来务工人员推出新的管理模式，统一为外来务工人员解决住房和子女入学等社会保障问题，还设立了多种奖励和荣誉项目，比如，每年评比“十佳外来优秀青年”，授予中高级人才以“荣誉镇民”称号等，这些做法让外来务工人员在他乡依然能够感受家一般的温暖。①

“枫桥经验”除收获当地人民群众的一致赞扬外，也继续得到了以习近平同志为核心的党中央的充分肯定，并作为群众路线的标志性经验在全国大力推广。2013 年，中共中央总书记、国家主席、中央军委主席习近平指出，50 年前，浙江枫桥干部群众创造了“依靠群众就地化解矛盾”的“枫桥经验”，并根据形势变化不断赋予其新的内涵，成为全国政法综治战线的一面旗帜。同时，习近平作出重要指示强调，各级党委和政府充分认识“枫桥经验”的重大意义，把“枫桥经验”坚持好、发展好，把党的群众路线坚持好、贯彻好。② 2018 年以来，“枫桥经验”陆续被写入《中国共产党农村基层组织工作条例》、《为人民谋福利：新中国人权事业发展 70 年》白皮书，以及党的十九届四中全会通过的中共中央《关于坚持和完善中国特色社会主义制度　推进国家治理体系和治理能力现代化若干重大问题的决定》。③ 2022 年，党的二十大报告再次强调：“在社会基层坚持和发展新时代‘枫桥经验’，完善正确处理新形势下人民

---

① 参见《“枫桥经验”到底是什么？为啥习总书记强调必须坚持发展好？》，载搜狐网 2018 年 8 月 22 日，https://www.sohu.com/a/249478247_100014762。

② 《习近平：把“枫桥经验”坚持好、发展好　把党的群众路线坚持好、贯彻好》，载人民网 2013 年 10 月 12 日，http://jhsjk.people.cn/article/23172357。

③ 参见陆健、严红枫：《“枫桥经验”：基层社会治理的中国方案》，载《光明日报》2021 年 3 月 17 日，第 5 版。

内部矛盾机制……”[①]由此可见,“枫桥经验”已经成为坚持和完善中国特色社会主义制度,推进国家治理体系和治理能力现代化的有机组成部分。

事实上,全国各地探索实践“枫桥经验”也都取得了良好成效。例如,苏州在人流密集的观前街地区试点保安联勤联防,派出所联合辖区内商铺的保安力量应对复杂治安难题,使观前街地区违法类警情数同比下降36.8%。此外,江苏实现全省县乡村三级网格化服务管理中心全覆盖,拥有30余万名网格员。通过构建全要素网格组织体系,整合社区民警、辅警、信息员等社区警务力量,配置网格员深入社区各个角落,实现就地化解90%以上的社会风险。又如,上海在全市街面、社区、入沪通道等领域安装部署各类感知设备,预警公共安全领域的各类风险。其中,在住宅小区安装智能安防系统,大幅降低了上海市的盗窃案发数。再如,河南通过安排社区民警驻村、机关民警包村的形式,搭建“一村(格)一(辅)警”基本工作框架,切实化解了社区和农村的矛盾纠纷。[②] 此外,安徽六安市霍邱县夏店镇砖佛寺村党支部书记、村委会主任金其华成立了“金其华调解工作室”,利用他在30多年调解实践中总结出的“快、敢、温、细”工作法,为周边5个乡镇20多万名群众提供义务调解服务,高效化解了基层矛盾。

另外,各地在学习贯彻“枫桥经验”的过程中,结合自身地区发展状况,形成了各具特色的治理模式,拓展了“枫桥经验”的实践内涵。杭州法院一方面为贯彻中央政法委提出的新时代“市域社会治理现代化”的要求,另一方面考虑到杭州作为中国重要的大城市

---

① 习近平:《高举中国特色社会主义伟大旗帜　为全面建设社会主义现代化国家而团结奋斗——在中国共产党第二十次全国代表大会上的报告》,人民出版社2022年版,第54页。

② 参见《“枫桥经验”传承56年全国多地见成效》,载《新京报》2019年11月29日,A12版。

而面临的各种复杂社会经济状况,积极探索和实现都市版"枫桥经验",并产生了初步成效。第一,推动培育市场化解纷机制。2017年,杭州市中级人民法院与市司法局、市律师协会、市公证协会、市仲裁委分别签署多元化纠纷解决机制合作协议,发挥以律师、公证、仲裁为主体的解纷功能。律师参与纠纷调解的"杭州模式",公证人员和仲裁人员入驻法院开展司法辅助实务和调解工作,已在浙江省试点开展。而且在市委、人大和政府的支持下,动员社会力量,强化法院主导下的司法保障和监督,推动调解市场化运作模式的发展,提高解封效率。据统计,2017年至2018年,杭州市法院共聘任律师调解员620名,公证调解员7名,共调解相关案件7000余件,调解成功率达三成。第二,推动发展行业调解机制。杭州法院还与各政府部门和社会组织合作,发挥行业调解优势,全市法院委托行业调解案件的成功率高达50%。第三,发挥基层治理功能,推动特色社会调解。杭州市下辖的县级区域进一步创新升级"枫桥经验",涌现了各具特色的纠纷综合治理模式。比如,富阳的"最多跑一跑"联动机制、临安的"周四有约"工作室、桐庐的"无讼无妨村"。第四,依托"互联网+"优势,构建在线多元纠纷解决平台。截至2018年7月17日,杭州地区在线矛盾纠纷多元化解平台注册用户超过1万名,注册调解员5000余名,调解案件13 000余件,成功率高达61%。① 如果说杭州法院的创新具有因地制宜的个性化特点,那么江西的创新实践则代表了一种举一反三的发散性思维。江西把"枫桥经验"应用到执行工作中,探索"社会化协同执行机制",取得了社会治理与解决"执行难"等方面的新成效。"执行难"问题的产生很大程度上在于被执行人故意拒绝履行且可执行

---

① 参见浙江省杭州市中级人民法院课题组:《都市版"枫桥经验"的探索与实践——杭州法院推进多元纠纷机制建设调研报告》,载李林、田禾主编:《中国地方法治发展报告 No.4(2018)》,社会科学文献出版社2018年版。

的财产不易被发现。因此,江西的创新点在于法院加强与基层组织的合作,一方面向被执行人施压,另一方面挖掘被执行人隐匿的财产信息。对此,江西法院向被执行人居住地的乡镇(街道办)推送民生案件信息,要求对被执行人申报办理农村宅基地、旧房改造、房屋翻新的审批予以限制,并对纳入省失信名单的执行人和其家属在面临就业政审时签注失信情况。同时,鼓励和动员总值网格员收集和反馈关于执行的相关信息,扩大信息来源。在此番机制探索下,集中推送初见成效,多个街道接受推送案件后,有效化解了半数左右的案件。①

总之,"枫桥经验"代表的是以群众路线为基础,与时俱进、因地制宜、创新实践的中国特色基层治理模式。其中,以人民为中心,实现人民幸福安康,共享改革发展成果,是中国国家治理的根本目标。"枫桥经验"最值得赞扬的内容是深入了解群众需要,思群众之所思,求群众之所求,急群众之所急。如同"马锡五审判方式"和"背包法庭"所代表的司法为民一样,"枫桥经验"专注于治理为民,但又不失公平公正,彰显法治为民的思想底色,其民本精神展露无遗。

三、公正精神的实践

皋陶的公正精神指赏罚分明、厉行法治、公正不阿的司法精神,这充分体现在当前深化司法体制改革和完善司法行政体制的过程之中。

(一)司法体制改革的深化

推进以审判为中心的诉讼制度改革最为直接地表达了对于司

① 参见江西省高院执行局课题组:《新时代"枫桥经验"在执行工作中的创新与发展:"社会化协同执行机制"的探索与研究》,载李林、田禾主编:《中国地方法治发展报告 No.4(2018)》,社会科学文献出版社 2018 年版。

法公正的追求。2014 年，党的十八届四中全会提出，要“推进以审判为中心的诉讼制度改革，确保侦查、审查起诉的案件事实证据经得起法律的检验。全面贯彻证据裁判规则，严格依法收集、固定、保存、审查、运用证据，完善证人、鉴定人出庭制度，保证庭审在查明事实、认定证据、保护诉权、公正裁判中发挥决定性作用”①。以审判为中心意味着在刑事诉讼中，侦查、起诉活动应当面向、服从审判要求，对于关涉被告人刑事责任的事实认定和法律适用，必须由法庭严格遵循法定程序来审理，并作出决定性裁决。② 实现刑事诉讼“以审判为中心”，最重要的目的就是保障案件审判质量，防止冤假错案的发生，实现司法公正。一方面，要防止以侦查起诉结果为裁判决定性依据的“侦查中心主义”，应该使侦查、起诉环节服务于庭审，侦查机关应当全面、客观、及时收集与案件有关的证据，但最终由法庭主导证据认定和法律适用。另一方面，充分保障被告人的权利，实现庭审实质化，让其享有充分的辩护权，排除非法证据，完善法律援助制度，严禁刑讯逼供，坚持未经法院判决不得确定有罪。③

对于司法公正而言，法官能否秉公持正，大公无私，像皋陶一样作出明辨是非的公正判决，是极为关键的要素。因此，如何从制度上保证法官的素质，成为司法改革的一个重点。其中，法官员额制改革成为司法体制改革在推动司法公正上的核心举措之一。2013 年，党的十八届三中全会通过了中共中央《关于全面深化改革若干重大问题的决定》，在对深化司法体制改革的全面部署中，提

---

① 《中共中央关于全面推进依法治国若干重大问题的决定(2014 年 10 月 23 日中国共产党第十八届中央委员会第四次全体会议通过)》，载中国人大网，http://www.npc.gov.cn/zgrdw/npc/zt/qt/sbjszqh/2014-10/29/content_1883449.htm。

② 参见龙宗智：《“以审判为中心”的改革及其限度》，载《中外法学》2015 年第 4 期。

③ 参见最高人民法院、最高人民检察院、公安部、国家安全部、司法部《关于推进以审判为中心的刑事诉讼制度改革的意见》。

出建立符合职业特点的司法人员管理制度。次年,党的十八届四中全会明确指出,要“推进法治专门队伍正规化、专业化、职业化……完善法律职业准入制度”[①],当年即有7个省市获批试点。到2017年,法官员额制改革基本完成,全国共产生11万余名员额制法官,85%以上的司法人力资源配置到办案一线。[②] 一些法院根据自身改革中的问题和当地情况,采取了进一步细化的改革方案。例如,北京市房山区人民法院采取转岗、交流、晋升等多种方式,妥善安置和安抚未入额人员,保障法院工作的有序开展;广州法院展开以审批为中心来配置员额法官岗位,所有入额法官全部在一线岗位办案,非业务部门不安排员额法官,入额法官办案率达到100%,极大提升了法院的办案能力。[③]

虽然员额制目前还有进一步改善的空间,但效果依旧明显,入额后的法官平均素质明显提高,显著激发了法官工作积极性。例如,2015年,上海作为最先完成试点的地方,首批遴选的531名入额法官全部为本科以上学历;具有硕士、博士学位的有275人,占51.8%;平均年龄43.9岁,平均司法工作经历18年。[④] 2017年,上海、广东、海南法官人均办案数量同比分别增长21.9%、22.3%和

① 《中共中央关于全面推进依法治国若干重大问题的决定(2014年10月23日中国共产党第十八届中央委员会第四次全体会议通过)》,载中国人大网,http://www.npc.gov.cn/zgrdw/npc/zt/qt/sbjszqh/2014-10/29/content_1883449.htm。

② 参见周强:《最高人民法院工作报告——2017年3月12日在第十二届全国人民代表大会第五次会议上》,载最高人民法院网2018年2月28日,https://www.court.gov.cn/zixun-xiangqing-82602.html。

③ 参见李林、田禾主编:《中国地方法治发展报告No.4(2018)》,社会科学文献出版社2018年版,第11~15页。

④ 参见《上海率先实行司法人员分类管理　打破人员混岗职责模糊局面》,载人民网,http://politics.people.com.cn/n/2015/0421/c70731—26878794.html。

34.8%。[①]

当然,法官的权力不是无限的,需要落实法官责任,约束法官权力,使司法权真正服务于社会公平正义。2020 年 7 月,最高人民法院为全面贯彻司法责任制,制定了《关于深化司法责任制综合配套改革的实施意见》。该意见谈到了落实司法责任的方方面面,其中与日常法院办案最直接相关的是健全审判监督管理机制,其从案件分配到事后追责都进行了较为全面的规划。党的二十大报告再次强调,要深化司法体制综合配套改革,全面准确落实司法责任制,[②]其核心要点是,合理分配案件,推动法律统一适用,且要求法院领导借助信息化工具,切实监督各类法院工作人员的行为和职责,并应当亲自参与审判工作。通过精细化的审判监督管理,提升法官的办案水平和工作态度,从而改善司法公正。比如,深圳市中级人民法院进行了细化分解,印发了《深化司法责任制综合配套改革　服务保障深圳建设中国特色社会主义先行示范区行动方案(2020－2022 年)》,以构建科学权威的监督管理体系和规范高效的组织管理体系。[③]

效率和公正是司法价值的一体两面,迟到的正义也是非正义的。因此,提升司法效率也是当代司法改革实践中极为重要的方面。

当然,并不是所有的纠纷都应该通过法院诉讼的途径来解决,构建多元纠纷解决机制,合理配置司法资源,让大大小小、形形色

① 参见周强:《最高人民法院工作报告——2017 年 3 月 12 日在第十二届全国人民代表大会第五次会议上》,载最高人民法院网 2018 年 2 月 28 日,https://www.court.gov.cn/zixun－xiangqing－82602.html。

② 参见习近平:《高举中国特色社会主义伟大旗帜　为全面建设社会主义现代化国家而团结奋斗——在中国共产党第二十次全国代表大会上的报告》,人民出版社 2022 年版,第 42 页。

③ 参见李林、田禾主编:《中国地方法治发展报告 No.7(2021)》,社会科学文献出版社 2021 年版,第 7～8 页。

色的社会纠纷得到及时、有效、妥善的解决,才是司法体制高效运作的目标。对于这一点,六安法院堪称典范。除了创新“背包法庭”和加强规范化建设外,六安市还优化司法资源配置,着力打造一体化的诉讼服务中心和优化多元化纠纷解决机制,真正把诉讼服务做到了群众心里。在诉讼服务一体化上,六安市中级人民法院在安徽省率先建立起诉讼服务中心,实现“进入一个厅、事情全办清”的高效服务,并且搭建诉讼服务网、设立“12368 诉讼服务热线”,从而在线下和线上间构建“网、电、人、窗”四位一体的现代诉讼服务平台,大大提升了诉讼服务效率。在纠纷多元化解决方面,六安法院建设功能齐全的诉调对接中心,全面覆盖六安市 8 个法院和 28 个人民法庭。2017 年,六安法院共办理 2115 件诉调对接案件,1549 件得到成功调解,调解成功率达到 73.2%,有效实现大事化小、小事化了,节约了当事人的诉讼成本,及时化解社会纠纷。①

繁简分流是诉讼制度改革在效率方面的另一个重点。当前,“案多人少”是困扰中国司法的一个巨大难题,这和司法资源配置不合理有很大关系。所谓司法资源合理配置,就是让法官的工作时间更加专注于重案要案,更快地解决简单的案件,以做到工作效率的最大化。如果普通案件和复杂案件花费一样的办案时间,就会造成司法资源的重大浪费。案件的繁简分流就是出于这个目的而提出的。从诉讼制度的设计上,繁简分流在最小限度上的含义,是把案件按照复杂程度分类,并为其设立不同的诉讼程序。② 2021 年,《民事诉讼法》第四次修改,对已有的相关繁简分流制度进行了修改和扩展,既简化了部分民事诉讼程序,又扩大了简易程序的适

① 参见周瑞平:《六安:司法服务有温度 保障发展有力度》,载《人民法院报》2017 年 12 月 12 日,第 6 版。

② 参见王亚新:《司法效率与繁简分流》,载《中国审判》2010 年第 12 期。

用范围。繁简分流的有效运作除规则明确外,更需要组织管理优化的支撑。江苏南京法院的做法较为典型,一是从制度激励角度,南京市中级人民法院把“民事行政案件万人起诉率”纳入综治考核指标体系,激发法院及法官在诉前化解纠纷的动力。二是组建专业化团队和优化办案流程。例如,南京市秦淮区人民法院在立案庭组建各类案件的速裁团队,以“员额法官 + 法官助理 + 人民调解员 + 事务助理”配置团队,与审判业务庭相配套。又如,南京市江宁区人民法院在已有简易程序的基础上,进一步简化材料要求和诉讼流程,提高办案效率。①

近年来,随着大数据与人工智能技术的突破,人工智能赋能司法的议题逐渐升温,通过建设智慧法院,增强司法治理能力,已成为法院现代化发展的必修课。2016 年的《国家信息化发展战略纲要》和 2017 年的《新一代人工智能发展规划》,均将智慧法院建设纳为国家信息化和社会治理战略的重要内容。作为司法活动的核心内容,案件裁判的智能化更是被寄予厚望。2017 年,最高人民法院出台的《关于加快建设智慧法院的意见》明确指出,通过计算机的深度学习能力和类脑智能推理,挖掘法律知识,来“满足办案人员对法律、案例、专业知识的精准化需求,促进法官类案同判和量刑规范化”。在实践中,智能辅助裁判系统是具体的开发对象,在各试点地区呈现百花齐放的景象,如北京的“睿法官”系统、上海的刑事案件辅助办案系统、浙江的“智慧法院”以及苏州的“智慧审判苏州模式”。②

从便民的角度看,互联网司法的建设让司法的社会可得性走上了一个新台阶。简单来说,互联网司法就是借助互联网技术实

① 参见李林、田禾主编:《中国地方法治发展报告 No.7(2021)》,社会科学文献出版社 2021 年版,第 1 ~ 22 页。

② 参见王禄生:《智慧法院建设的中国经验及其路径优化——基于大数据与人工智能的应用展开》,载《内蒙古社会科学》2021 年第 1 期。

现诉讼案件的在线审理和解决。2017 年,我国首家互联网法院在杭州成立,随后,广州和北京也相继成立互联网法院,以全程在线诉讼为基本原则,受理涉网诉讼案件,以解决网络纠纷地域涉及广、当事人起诉不方便的问题。2021 年,最高人民法院出台《人民法院在线诉讼规则》,进一步规定诉讼当事人可以通过"在线诉讼平台"完成全部或部分的诉讼流程,对一般类型案件的在线诉讼进行了程序规定,满足人们对于更大程度便捷诉讼的要求。在根本价值上,互联网司法以人民为中心,以互联网和电子化技术为依托,打破地理界限,减少时间浪费,降低诉讼成本,真正使每个人都有走进法院、获得公正裁判的机会。

(二)司法行政体制的完善

法院司法审判活动固然是公正的直接表现,然而政府执法,尤其是司法行政机关的司法活动,也是决定民众能否在社会生活中获得公平正义的重要一环,当前中国对此也付出了巨大努力。

中国不断加强公共法律服务体系建设。一方面,强化顶层设计,司法部在 2021 年印发《全国公共法律服务体系建设规划(2021 - 2025 年)》,以 5 年为一个阶段,稳步有序推进公共法律服务的健全。另一方面,抓紧实体设施建设,至 2021 年年底,已建成由省级到村级的五级公共法律服务实体 57 万个,同时开展"乡村振兴、法治同行"活动,努力让每一个群众都能感受到法律始终在身边、法律始终保护公民的权益。[①]

司法行政机关进一步拓展法律权益保障服务。第一,深化律师服务工作,保障诉讼当事人的切实利益。例如,2021 年,开展刑事案件律师辩护全覆盖试点,在全国 2549 个县级区域开展试点工作,切实保障被告人在刑事审判中得到应有的公正审判。第二,加

① 参见《司法部 2021 年法治政府建设年度报告》,载中国政府网,http://www.gov.cn/xinwen/2022 - 03/31/content_5682614.htm。

大法律援助力度，提升群众获得司法救济的可能性。各地司法行政机关推动依法设立法律援助机构，履行法定职责。2021 年，司法部深入开展“法援惠民生 · 助力农民工”和“尊法守法 · 携手筑梦”服务农民工公益法律服务活动，维护农民工合法权益。2021 年，全国法律援助机构共组织办理法律援助案件近 150 万件，受援助人 166 万余人，提供法律咨询近 1889 万人次，在维护社会正义、保障人民利益方面发挥了突出作用。第三，完善公证、司法鉴定、仲裁体制机制建设，为实现公平正义创造多元、全面的制度保障体系。2021 年，司法部为加强公正规范化和专业化，印发《关于深化公证体制机制改革　促进公证事业健康发展的意见》，又制定《司法鉴定机构诚信等级评估办法（试行）》《司法鉴定机构和司法鉴定人退出管理办法（试行）》，加强对司法鉴定机构和鉴定人的监督管理。同时，我国进一步推进仲裁委员会内部治理机制综合改革试点工作，支持仲裁机构设立专业仲裁工作平台，制定专业仲裁规则，促进仲裁专业化发展。①

皋陶既是法官鼻祖，也是“刑狱之神”，监狱工作是否得当，罪犯能否得到应有的惩处和教育，也是非常考验国家司法体系公正性的重要因素。在这一方面，中国的司法行政机关做了很多富有实效的工作。首先，强化监狱管理，全力确保监狱的安全稳定。第一，对重要罪犯进行重点管理，尤其重视危害国家安全类、邪教类罪犯的去极端化工作，确保国家政治和社会安全。第二，加强服刑人员管理。例如，2019 年，集中开展手机等违禁品专项治理，全面推动对罪犯危险性的评估工作，并加强对监狱情况的及时了解和研究分析，主动排查各类具有潜在危险和实施预谋的罪犯，防范监狱险情的发生，在实现“零逃脱”历史性突破的基础上，无罪犯脱

---

① 参见《司法部 2021 年法治政府建设年度报告》，载中国政府网，http://www.gov.cn/xinwen/2022-03/31/content_5682614.htm。

逃,无暴狱哄监,无重大狱内案件和事件,无重大安全生产事故。第三,建立监狱与公安、武警及地方维稳、疾控、应急等部门联动联防工作机制,完善安全协助机制。其次,加强监狱执法规范化建设。近年来,集中力量,专项整治违规违法办理减刑、假释、暂予监外执行案件,开展专题调研,解决罪犯"收治难"问题,并在 2019 年完成《监狱法》修订起草工作,深入推动依法治监。第四,不断深化监狱工作改革。根据《全面深化司法行政改革纲要(2018 - 2022 年)》,各地司法行政机关推动罪犯文化教育和职业技能培训纳入地方政府规划任务,健全罪犯改造、重新融入和服务社会的保障机制,同时落实硬件保障,深化科技应用,持续推进智慧监狱建设,截至 2020 年,已有 25 个省、自治区、直辖市的 214 所监狱达到智慧监狱标准,进一步提升了监狱管理能力。①

综上,当代深化司法改革和司法行政改革的制度实践,真切地表达了法治中国建设对公正精神的不懈追求。

四、修身精神的实践

在当代制度实践中,修身精神主要强调对法治工作队伍的监督管理,激励领导队伍和工作队伍修身克己、提升思想觉悟和法治工作能力。近年来的反腐倡廉运动和监察制度的设立,突出体现了对修身精神的当代恪守。

反腐倡廉运动始于中国共产党坚守全面从严治党、始终为民的鲜明立场。2012 年,党的十八大提出了建设廉洁政治的重大任务,指出"反对腐败、建设廉洁政治,是党一贯坚持的鲜明政治立场,是人民关注的重大政治问题",并要求"坚持中国特色反腐倡廉道路,坚持标本兼治、综合治理、惩防并举、注重预防方针,全面推

① 参见肖育斌主编:《中国法律年鉴》(2021),中国法律年鉴社 2021 年版,第 262 ~ 263 页。

进惩治和预防腐败体系建设,做到干部清正、政府清廉、政治清明"[①]。2013 年,习近平同志在十八届中央纪委二次全会上就廉政建设发表重要讲话,为实现以上"三清"目标勾勒了基本蓝图,[②]具体内容如下:第一,把党风廉政建设和反腐败斗争视为一项长期、复杂、艰巨的任务,要彰显决心恒心,有腐必反、有贪必肃,不断铲除腐败现象滋生蔓延的土壤,以实际成效取信于民。第二,坚持纪律严明、上下统一、令行禁止,坚决反对地方和部门保护主义、本位主义,绝不允许在贯彻执行中央决策部署上打折扣、做选择、搞变通。第三,狠抓作风、从源防治、保持清醒,坚决纠正奢侈浪费、形式主义、官僚主义等不良风气,慎防脱离群众。

党的十八大以来,在坚持标本兼治的方针下,逐步形成了遏制腐败的反腐败斗争方略,掀起了空前绝后的反腐败斗争,有力削减了腐败存量,斩断了腐败蔓延的势头,进一步推动了社会正义。近年来,全国纪检监察机关共立案审查调查 430 余万件,涉及 470 余万人;查处违反中央八项规定精神问题 72 万余起,其中给予党纪政务处分 64 万余人;运用"四种形态"批评教育帮助和处理 1100 余万人次。[③] 此外,党的十八大以来还严厉惩处一批"大老虎",仅仅 2 年就一共查处了 55 名中管干部,其中副国级以上共 3 人,中央委员、中央候补委员共 7 人,中央纪委委员 1 人。[④] 同时,反腐败除了"打老虎",也要"拍苍蝇"。近年来,全面从严治党不断向基层延伸,关注人民群众身边的腐败等不正之风。据统计,自党的十九大

---

① 《胡锦涛在中国共产党第十八次全国代表大会上的报告》,载人民网,http://cpc.people.com.cn/n/2012/1118/c64094-19612151-12.html。

② 参见《建设廉洁政治的动员令——习近平总书记重要讲话传递反腐倡廉新信号》,载人民网 2013 年 1 月 23 日,http://jhsjk.people.cn/article/20294783。

③ 参见《(中国这十年)十年磨一剑,"数"解中国反腐》,载中国新闻网,https://www.chinanews.com.cn/gn/2022/06-30/9792641.shtml。

④ 参见《十八大以来 55 个"大老虎"落马　副国级以上共 3 人》,载环球网 2014 年 10 月 23 日,https://china.huanqiu.com/article/9CaKrnJFIzC。

以来，全国共查处民生领域腐败和作风问题 49 万余个，处分 45 万余人。[①] 反腐斗争深入人民群众，赢得了民心，也重塑了一支更加清正为民的党和国家治理队伍。

在反腐倡廉的推进过程中，具有鲜明中国特色的是国家监察体制改革，这是全面从严治党向纵深发展的重大举措。[②] 2016 年 11 月，北京市、山西省、浙江省正式开展国家监察体制改革试点，拉开了国家监察体制改革的序幕。习近平同志在党的十九届二中全会中强调，“国家监察体制改革是事关全局的重大政治体制改革，是强化党和国家自我监督的重大决策部署”[③]。国家监察体制改革不仅是为了把权力关在笼子里，更是为了推动国家治理能力现代化，推进法治化、民主化、科学化、文明化的进程。

国家监察体制改革至今，已经实现较为完整的组织及法律建设。改革率先从组织建设的试点开始。2016 年至 2017 年，在部分省市试点设立各级监察委员会。在积累经验之后，2018 年，全国开始推进监察委员会的建设。31 个省、自治区、直辖市设立了从省到市再到县的三级监察委员会，划转编制 6.1 万个，实际转隶干部 4.5 万人。同时，中央纪委国家监委改革派驻监督体制，在派驻机构上统一设立 46 家派驻纪检监察组，监督中央一级党和国家机关 129 家单位，并且深化对中管企业和高校的监督，设立监察组或监

---

① 参见《（中国这十年）十年磨一剑，“数”解中国反腐》，载中国新闻网，https://www.chinanews.com.cn/gn/2022/06-30/9792641.shtml。

② 参见任志江、邓金凤：《新时代国家监察体制改革研究综述》，载《邓小平研究》2022 年第 1 期。

③ 《二中全会：国家监察体制改革是事关全局的重大政治体制改革》，载环球网 2018 年 1 月 19 日，https://china.huanqiu.com/article/9CaKrnK6pPs。

察专业办公室，从而全面完善派驻体系。[①] 在合法性支持上，2018年3月，第十三届全国人民代表大会第一次会议通过《宪法修正案》，新增“监察委员会”作为国家机构，同时通过《监察法》；2021年8月，第十三届全国人民代表大会常务委员会第三十次会议又通过《监察官法》。至此，关于监察委员会及其工作人员的法律地位、组织架构、职能和选任皆有了较为全面的法律依据。在法律地位上，各级监察委员会是国家的监察机关，国家监察委员会对全国人大及其常委会负责，地方各级监察委员会对产生它的国家权力机关和上一级监察委员会负责。[②] 在组织架构上，国家监察委员会是最高监察机关，地方上由省、市、县三级监察委员会构成，而各级监察委员会由主任、若干副主任和委员组成。在职能上，监察委员会对公职人员履行监督、调查、处置职责，如对涉嫌贪污贿赂、滥用职权、玩忽职守、权力寻租、利益输送、徇私舞弊以及浪费国家资财等职务违法和职务犯罪进行调查[③]。在监察官选任上，地方各级监察委员会主任由本级人民代表大会选举和罢免，副主任、委员由监察委员会主任提请本级人民代表大会常务委员会任免，并应当在就职时进行宪法宣誓。[④]

自国家监察体制改革以来，我国在党的纪律建设中取得了新的重大成就。巡视巡察工作扎实推进，探索建立上下联动监督网，以巡视带动巡察工作发展，监察工作取得新进展。2018年，全国市、县两级共巡察12.6万个党组织，发现各类问题97.5万个，涉及党员干部违规违纪问题线索19万件，推动查处3.6万人。至2021

---

① 参见赵乐际：《忠实履行党章和宪法赋予的职责　努力实现新时代纪检监察工作高质量发展——在中国共产党第十九届中央纪律检查委员会第三次全体会议上的工作报告(2019年1月11日)》，载中央纪委国家监委网，https://www.ccdi.gov.cn/toutiao/201902/t20190220_188859.html。

② 参见《宪法》第123～127条。

③ 参见《监察法》第11条。

④ 参见《监察官法》第19、20条。

年,随着中央第八轮巡视完成反馈工作,十九届中央巡视覆盖率已超过90%。其中,各省区市党委完成对两千余个党组织的巡视,覆盖率达到99%,而市、县两级的覆盖率达到100%。同时,全国纪检监察机关强化日常监督,在2018年共接受信访举报344万件次,处置问题线索166.7万件,并且深化运用监督执纪“四种形态”,共处理173.7万人次。此后,监察反腐力度不断加大,2021年,全国纪检监察机关运用“四种形态”批评、教育、帮助和处理212.5万人次,立案总数达63.1万件,处分人数达62.7万人,均高于2019年、2020年数据。①

综上,以国家监察体制改革为代表的新时代反腐倡廉运动,从传统监察制度中汲取制度经验,在皋陶修身精神的文化延续中获得力量,为党政机关公正为民的职责履行注入了新的活力。

---

① 赵乐际:《忠实履行党章和宪法赋予的职责 努力实现新时代纪检监察工作高质量发展——在中国共产党第十九届中央纪律检查委员会第三次全体会议上的工作报告(2019年1月11日)》,载中央纪委国家监委网,https://www.ccdi.gov.cn/toutiao/201902/t20190220_188859.html;《中央纪委六次全会工作报告公布一系列数据:从数据看高质量发展》,载中央纪委国家监委网,https://www.ccdi.gov.cn/toutiaon/202202/t20220226_174342.html。

皋陶智判牛案

(皋陶少年时,路遇两小孩争牛。胖孩硬说牛是自己的父亲变的,看到自己就会流泪。皋陶让人端了一碗盐水和一碗醋水来。他把醋水撒到胖孩脸上,老牛一头把胖孩顶倒,又把盐水抹到瘦孩脸上,老牛舔了舔瘦孩的脸,眼角流下泪水。原来,这是牛遇到盐和醋的生理反应。画面描绘的是皋陶断案的场景)

第三节　传承皋陶法治精神，推进法治中国建设

上文已经分析了皋陶法治精神对当代法治中国建设的意义及其相关实践。本节讨论的内容将围绕我们应该如何继续传承皋陶法治精神、深入推进法治中国建设展开。

在这一方面，党的二十大报告已经明确指出了未来法治中国建设的基本方向："我们要坚持走中国特色社会主义法治道路，建设中国特色社会主义法治体系、建设社会主义法治国家，围绕保障和促进社会公平正义，坚持依法治国、依法执政、依法行政共同推进，坚持法治国家、法治政府、法治社会一体建设，全面推进科学立法、严格执法、公正司法、全民守法，全面推进国家各方面工作法治化。"[①]因此，传承皋陶法治精神应该与以下几个方面结合起来。

一、完善德法合治的法律体系建设

皋陶法治精神的突出特点是依法治国和以德治国相融合，因此当代法治中国建设的首要内容应该是完善德法合治的法律体系建设。

首先，要坚持依宪治国，完善以宪法为核心的中国特色社会主义法律体系。坚持宪法在法律体系中的根本大法地位是基本前提，其中尤其要坚持宪法确定的国体、政体和基本原则不动摇，坚持中国共产党领导地位不动摇，坚持人民民主专政和人民代表大会制度不动摇。尊重宪法不应该只是口头之辞，应该继续加强宪

---

① 习近平：《高举中国特色社会主义伟大旗帜　为全面建设社会主义现代化国家而团结奋斗——在中国共产党第二十次全国代表大会上的报告》，人民出版社2022年版，第40页。

法实施和监督,健全保证宪法全面实施的制度体系,更好地发挥宪法在立法过程中的统领作用,强化宪法在治国理政中的原则性作用,充分维护宪法权威。因此,要以宪法为依据,加强社会发展重点领域、新兴领域、涉外领域立法,并推进科学立法、民主立法、依法立法,统筹法律的设立、修改、废止、解释和编纂等各个立法过程,增强立法系统性、整体性、协同性、时效性。同时,完善和加强备案审查制度,确保立法决策过程的科学性、民主性、合法性。

其次,要强化道德在法治中的支撑作用,把道德要求贯穿到法律体系的建设中。一方面,坚持德法合治,重视发挥道德的教化作用,提高全社会文明程度,为全面依法治国创造良好的人文环境。要加强道德教育中法治内涵的突出地位,采用形式更加丰富多样的道德宣传手段,将学校道德教育和社会道德弘扬相结合,注重培养人们的法治观念、法律信仰、规则意识,引导人们自觉履行法定义务、承担社会责任和家庭责任,营造全社会都懂法律、讲法律、守法律的文化环境。另一方面,在立法、司法、执法过程中,加强和完善法律法规鲜明的道德导向,展现优良的社会主义道德水平,努力以人民群众普遍接受的方式方法,“接地气”地把社会主义核心价值观贯穿其中,在依法治国的同时,让人民充分感受和认同富强、民主、文明、和谐、自由、平等、公正、法治、爱国、敬业、诚信、友善的社会主义核心价值观,以良法促进道德发展、保障善治。此外,构建稳定运行、及时可靠的常态化法律改革机制,把实践中广泛认同、较为成熟、可操作性强的道德要求及时上升为法律规范,引导全社会崇德向善。继续加大执法力度,严惩见利忘义、制假售假、欺诈蒙骗等违法行为,让道德败坏、违法犯罪的人付出巨大的代价,从而弘扬真善美。强调司法公正,鼓励裁判说理,力图达到情法相平,既要发挥司法断案惩恶扬善的功能,又要以理服人,促进良好道德风尚的树立。

最后,要发挥领导干部在依法治国和以德治国中的关键作用和表率效应。领导干部作为全面依法治国的重要组织者、推动者，应该坚持带头学法、模范守法。进一步完善领导干部学法、守法的常规考核机制，加强领导干部的法治意识和思维。同时，领导干部应该做道德建设的积极倡导者、示范者，领导干部以德修身、以德立威、以德服众，人民群众才会对政府和法律有更大的信心，才更有动力积极学法、守法。习近平总书记主持十八届中共中央政治局第三十七次集体学习时强调："领导干部要努力成为全社会的道德楷模，带头践行社会主义核心价值观，讲党性、重品行、做表率，带头注重家庭、家教、家风，保持共产党人的高尚品格和廉洁操守，以实际行动带动全社会崇德向善、尊法守法。"

二、深化以人为本的法治政府建设

在国家治理过程中，政府履行的行政管理和提供的公共服务与人民日常生活的关系最为基础、广泛、深刻。同时，党的二十大报告强调："法治政府建设是全面依法治国的重点任务和主体工程。"①因此，法治政府建设必须牢牢把握以人为本的立足点，从而深化相关领域的改革。

首先，要始终坚持以人民为中心。以人为本在法治政府建设中的内涵就是一切为了人民，一切依靠人民。在布局上，要把体现人民利益、反映人民愿望、维护人民权益、增进人民福祉落实到法治政府建设的全过程。比如，要落实行政规范性文件制定的听证制度，利用互联网技术拓宽民声民意的反映途径，加强阳光政府建设，自觉接受人民的监督和批评。在态度上，要积极回应人民群众的新要求、新期待，系统研究谋划和解决法治领域人民群众反映强

---

① 习近平：《高举中国特色社会主义伟大旗帜　为全面建设社会主义现代化国家而团结奋斗——在中国共产党第二十次全国代表大会上的报告》，人民出版社2022年版，第41页。

烈的突出问题，不断增强人民群众的获得感、幸福感、安全感，用法治保障人民安居乐业。比如，及时召开新闻发布会，回答有关重要社会问题的解决方式，完善专家咨询制度，促进重要问题得到科学有效的圆满解决。

其次，要坚持严格执法，增强政府公信力，赢得人民的支持和拥护。党的二十大报告指出，要扎实推进依法行政。① 在执法过程中，一方面要深化行政执法体制改革，全面推进严格、规范、公正、文明执法，加大与人民群众切身利益相关的重点领域执法力度，完善行政执法程序，健全行政裁量基准。也就是说，行政机关要带头严格执法、依法全面履行职责，重点解决执法不规范、不严格、不透明、不文明，以及不作为、乱作为等突出问题，对待人民群众的执法态度不能武断粗鲁，要在实事求是的客观前提下，晓之以理、动之以情，坚持“从群众中来，到群众中去”的基本路线，继续发扬“枫桥经验”，既保证法律的权威，又扩大执法的积极效应。另一方面，强化行政执法监督机制和能力建设，严格落实行政执法责任制和责任追究制度。全面落实行政复议制度，加强政府网站建设和信息公开，保证电话、网络便民监督举报途径畅通，完善行政机关内部监管、自查机制，定期开展法治教育培训。通过这些手段，强化制约、强化监督、强化公开，防止权力滥用。

最后，要完善政府体制建设。转变政府职能，优化政府职责体系和组织结构，推进机构、职能、权限、程序、责任法定化，提高行政效率、执法能力和政府威信。加快政府职能转变，就是要坚持以人民为中心的发展思想，不断优化政府服务，推进政务服务标准化、规范化、便利化，深化政务公开，创造社会经济良好发展环境。进

---

① 参见习近平：《高举中国特色社会主义伟大旗帜　为全面建设社会主义现代化国家而团结奋斗——在中国共产党第二十次全国代表大会上的报告》，人民出版社2022年版，第41页。

一步理顺部门职责关系，深化简政放权、放管结合、优化服务改革，不断完善政府经济调节、市场监管、社会管理、公共服务、生态环境保护等职能，坚决克服政府职能错位、越位、缺位现象，全面提高政府效能，助推国家治理体系和治理能力现代化。继续推进各级政府事权规范化、法律化，提高政府工作人员依法行政的能力，严格要求在法定授权范围内履行职责，及时发现并坚决杜绝懒政、怠政，有效确保政府各项工作在法治轨道上全面推进。

三、加强公平正义的司法能力建设

党的二十大报告强调："公正司法是维护社会公平正义的最后一道防线。"①严格公正司法，加强司法能力建设，要切实提高审判能力和审判体系现代化，以此推进国家治理体系和治理能力现代化的发展。

首先，在制度建设方面，要深化司法体制综合配套改革。其一，加强人民法院政治建设。坚持把党的政治建设摆在首位，扎实推进党的创新理论学习，完善常态化法院学习教育制度，引导广大干警坚持党对司法工作的绝对领导，坚持中国特色社会主义法治道路，坚守初心使命，确保党中央决策部署在人民法院得到不折不扣的贯彻落实。同时，在选人用人时要坚持突出政治标准。健全科学化、精确化的法院干警政治素质识别评价机制，以政治标准为首要标准，在晋升任命、表彰奖励中严把政治关。探索建立干部政治素质档案，建立常态化的考核考察机制。其二，完善人员分类管理制度，加强履职保障体系建设。推进法官员额和政府专项编制的动态管理。坚持统筹兼顾的基本原则，加大对基层一线法院的

① 习近平：《高举中国特色社会主义伟大旗帜　为全面建设社会主义现代化国家而团结奋斗——在中国共产党第二十次全国代表大会上的报告》，人民出版社 2022 年版，第 42 页。

人力资源投入，并建立科学化、体系化的法院案件工作量测量和动态评估机制，构建信息畅通、更新及时的人事信息管理系统，合理协调分配各地区、各审级、各法院、各法庭之间的人力资源配比。同时，健全法官遴选制度及退出机制，选拔业务能力强、责任心重的法官承担审判工作，规范审判辅助人员和司法行政人员管理，合理控制辅助人员、行政人员与法官人数的比例，提升法官的办案效率。另外，健全科学化的绩效考核制度和建立富有竞争力的薪酬待遇制度，保持法官及辅助人员的工作热情，引进高素质的青年才俊，留住优秀的司法骨干力量。其三，优化司法资源配置，切实提高审判效能。在健全多元纠纷解决机制的同时，各级法院应该利用互联网优势，加强在线诉讼与非诉讼纠纷分类和诉讼调解对接工作，加快法院与仲裁机构、工作机构、人民调解等非诉讼纠纷解决平台的对接，充分运用线上平台，统筹行业协会和律师等社会纠纷解决力量，积极打造一站式多元纠纷和诉讼服务体系，使大量纠纷在诉前得到有效化解。在诉讼阶段，要深化案件繁简分流，合理配置司法资源，提高办案效率。持续推进审判辅助事务集约化、社会化管理，提高审判辅助工作团体的专业性。加大智慧法院建设投入，以电子化、网络化的形式，降低法官的非审判业务压力，促进审判质效的提升。

其次，完善"以审判为中心"的司法权力结构。一方面，要促进和健全公安机关、检察机关、审判机关、司法行政机关各司其职、相互配合，保障司法权力的有效运行。另一方面，要健全公、检、法、司之间的相互制约机制，防止司法权力滥用，规范司法权力运行，减少错案冤案的发生。

具体来说，第一，公安机关要大力实施改革强警战略，深化公安系统改革。在公安管理体制上进一步调整完善，完善分类管理配套制度和优化公安干警招录培训体系，加强智慧警务系统和大数据警情防范网络的建设与完善，提升综合执法能力。公安机关还需坚持推进执法规范化建设，加快执法办案管理中心建设，深入、协调推进执法监督管理机制改革，严格落实防止干预司法的“三个规定”，即《领导干部干预司法活动、插手具体案件处理的记录、通报和责任追究规定》《司法机关内部人员过问案件的记录和责任追究规定》《关于进一步规范司法人员与当事人、律师、特殊关系人、中介组织接触交往行为的若干规定》。在规范执法的同时，需要注重推广人性化的执法方式，在一些社会民间纠纷上，更要德法结合，劝解安抚矛盾双方，及时化解纠纷，不断提升公安机关执法公信力与亲和力，维护社会安定和公平。

第二，检察机关要扎实履行打击罪犯和制约监督的两大工作职责。其一，在维护国家安全和社会安定方面，从严从细从实抓好防风险、保安全、护稳定、促发展各项工作。积极统筹落实少捕、慎诉、慎押刑事司法政策与认罪认罚从宽制度，保障犯罪嫌疑人的合法权益，协力法院提高审判质效。推动以检察建议形式与各行政管理部门通力合作，做好诉源治理，促进社会基础治理水平的稳步上升。其二，深化检察监督，坚持敢于监督、善于监督、勇于开展自我监督，推进刑事检察、民事检察、行政监察、公益监察一体化、融合式发展，形成法律监督合力，促使执法司法机关自我纠错、减少出错，进一步推动严格执法、公正司法，切实维护公平正义。一方面，完善与其他执法司法机构的监督合作机制，加强监察机关和检察机关的工作衔接，更好地服务反腐败斗争大局，同时完善行政执法与刑事司法衔接机制，落实与公安机关的侦查监督与协助配合机制，加强在刑事司法、民事诉讼和行政裁判等审判领域的监督工作，减少有案不立、有罪不究、有错不改等司法失职行为的发生。另一方面，加强检察机关的履职能力，落实多领域的监督职责。比如，抓实对监狱、看守所的巡回检察，并积极探索对社区矫正机构实现巡回检察。还要进一步办好公益诉讼案件时，尤其是面对网络治理、金融证券、知识产权、文物和文化遗产保护、妇女权益保障等新领域案件时,应具备前瞻意识,充分准备,及时应对,实现积极稳妥办理。

第三,司法行政机关深度参与法治政府建设,推动公共法律服务提质增效。完善公共法律服务体系建设,推动构建大调解工作格局,积极化解基层矛盾纠纷,充分发挥基层司法所在全国各地的覆盖优势,开展普法教育和乡村治理工作,提升诉源治理的实效。另外,进一步深化律师服务工作的规范化和专业化,大力支持法律援助工作的开展,健全法律援助机制,扩大法律援助的覆盖范围,切实保障和满足社会弱势群体寻求司法救济、实现社会正义的合法权利和合理诉求。在监狱管理层面,加强智慧监狱建设,完善监狱内部管理,坚决杜绝违规违法办理减刑、假释、暂予监外执行,保证每一个罪犯在获得公正审判后,都能得到应有的惩处和教育,落实司法裁判的执行力。在其他制度方面,司法行政机关仍需深化公证、司法鉴定、仲裁体制机制的建设和改革,促进纠纷就地解决,加强合法权益保护。

第四,全面准确落实司法责任制,强化司法活动的制约监督,促进司法公正。一方面,完善审判管理运行体系,健全审判监督管理机制。详细、分类制定各法院及其审判人员的审判权力和责任清单,并嵌入信息化办案平台,同时搭建并完善对于“四类案件”的自动化识别监管系统,实现办案行为的实时留痕和动态监管。对于可能存在的违法行为,要坚持严肃追责与依法保障有机统一,健全法官惩戒公正程序,科学设立法官惩戒公正办事机构和合理制定实施细则。另一方面,防止司法干预,加强廉政风险防控机制建设。要坚持审判独立,除上级人民法院和法院院长、庭长履行法定的监督管理职责外,严禁法院工作人员违反规定过问案件和干预办案情况,健全干预过问案件情况常规化报告制度,并将其纳入有关人员的考核体系。要充分发挥党内监督、监察监督和政法系统内部监督的综合效能,加大对违规违纪行为的追责问责力度,坚持零容忍惩治司法腐败。还要完善外部监督制约机制,健全和发挥人大监督、民主监督、群众监督、舆论监督和检察机关法律监督机制,推动构建开放、动态、透明、便民的阳光司法机制,从而加快建设公正、高效、权威的社会主义司法制度,努力让人民群众在每一个司法案件中感受到公平正义。

四、推进优质廉洁的人才队伍建设

中共中央在2021年印发了《法治中国建设规划(2020－2025年)》,强调建设法治中国,加强队伍和人才保障是全面依法治国的重要支撑。结合对皋陶修正法治精神的理解,这既要求打造高技能、高水平的法治工作队伍,又要求法治工作队伍信念坚定、廉洁自律、德才兼备。

在人才培养上,通过提高法治人才的思想政治素质、业务工作能力、职业道德水平,着力培养忠于党、忠于国家、忠于人民、忠于法律的社会主义法治人才队伍和后备力量。

首先,要全面加强对立法、执法、司法、法律服务以及村居法律顾问、法律明白人等各类层次法治人才队伍的培养。其一,法治专门队伍的建设应围绕革命化、正规化、专业化、职业化来展开。完善法律职业准入、资格管理制度,加强对政治思想和科学理论的考察,深入开展理想信念教育,建立法律职业人员统一职前培训制度,探索在职法律人员的同堂培训机制。在立法方面,一些设区的市立法力量较为薄弱,存在机构和人员不足的现象,可在部分高水平大学重点建设和加强立法相关学科,扩大立法人才的培养范围。在司法方面,进一步健全法官、检察官的员额管理制度,规范遴选标准、退出机制、配置方案,同时加强执法司法辅助人员队伍建设,完善司法人员之间、部门和部门之间的分工合作机制。健全职业保障体系,科学设计法治工作人员管理制度和奖惩办法,培育职业荣誉感,充分调动工作积极性。其二,加快发展律师、公证、司法鉴定、仲裁、调解等法律服务队伍,让每一个人都有机会获得法律的帮助。一方面,健全职业道德准则和执业行为规范,建立多方位的法律职业道德评价机制和监督渠道,探索律师不良职业信息记录披露和查询制度;另一方面,发挥市场的作用,提高法律服务市场化程度,完善律师执业权利保障制度。其三,注重加强基层法治人才队伍建设。加强对边疆地区、民族地区和乡村基层的立法人员、法官、检察官、警官和律师的配置和培养。大力发展党政机关、企事业单位、村居法律顾问队伍,并在村民间挑选和培养一批具有道德责任感和较好法治素养的法律明白人,提升基层民众的法治意识。

其次,突出应用型、复合型法律人才培养。健全立法、执法、司法部门干部和人才的基层一线锻炼培育机制,畅通法治干部和人才的常态化交流通道,打破机构、部门壁垒,建立和加强法治专门队伍与其他部门的交流机制和交流力度。加强日常业务培训和技术指导,建立适应现代社会需求和智慧司法、执法的新型立法、执法、司法人才队伍。

最后,构建体现中国特色的法治人才培养教育体系。在这一过程中,要坚持以习近平新时代中国特色社会主义思想为指导,明确立德树人、德法兼修的育人目标,始终思考为谁教、教什么、教给谁、怎样教的问题。在义务教育阶段,应推动皋陶人物事迹和皋陶法治思想进课本、进课堂,着力提高青少年对中华法系文明的认知和认同。在高等教育阶段,要进一步深化高等法学教育改革,推动具有中国特色的法学学科体系、理论体系和话语体系建设,鼓励和支撑诸如以皋陶法治文化为主题的中国法文化特色课程建设,同时加强法学教育实践,持续推进法学学生和法治实践工作者之间的双向交流机制,努力培养德法兼修、明法笃行的高素质法治人才。

在队伍监管上,始终保持党和法治工作队伍的清正廉洁、作风正派,是当代法治中国建设的持续推动力。党的二十大报告指出:“全党必须牢记,全面从严治党永远在路上,党的自我革命永远在路上,决不能有松劲歇脚、疲劳厌战的情绪,必须持之以恒推进全面从严治党,深入推进新时代党的建设新的伟大工程,以党的自我革命引领社会革命。”①

首先,坚持不懈用党的创新理论凝心铸魂。在坚持和加强党中央集中统一领导的前提下,全面加强党的思想建设,组织实施党的创新理论学习教育计划,全面覆盖中国法治建设各个领域和各级法治工作队伍。积极探索理论学习教育的实效化体系,将理论学习纳入考核评价机制,同时开拓新型教育形式,坚持理论武装同常态化、长效化开展党史学习教育相结合。在这个过程中,还要加强理想信念建设,发挥党的宗旨和习近平新时代中国特色社会主义思想的引领作用,使每一位法治工作人才自觉做共产主义远大理想和中国特色社会主义共同理想的坚定信仰者和忠实实践者,实现自我约束,清正廉洁。

其次,落实全面从严治党主体责任。各级法院、检察院、司法行政机关应当建立全面从严治党主体责任清单,健全可操作、可监督、可问责的全面从严治党主体责任体系。完善并发挥国家监察体制的监督制约作用,巩固深化政治巡视,加强常态化政治督察和经常性管理监督,落实并完善全覆盖的巡视巡察制度,严肃政治纪律、组织纪律、工作纪律、审判纪律、检察纪律,严厉查处违规违纪行为。强化基层党组织政治功能,推进责任体系和监督流程的标准化、规范化建设,切实提升组织力,履行好直接教育、管理、监督党员的职责,进一步落实对日常司法工作的领导和监督任务。坚

① 习近平:《高举中国特色社会主义伟大旗帜 为全面建设社会主义现代化国家而团结奋斗——在中国共产党第二十次全国代表大会上的报告》,人民出版社 2022 年版,第 64 页。

持以党内监督为主导,推动完善党的自我监督和人民群众监督有机结合,努力打造忠诚干净担当、敬畏信守法律的革命化、正规化、专业化、职业化法治工作队伍。

最后,坚决将反腐败斗争进行到底。坚定不移走中国特色反腐败之路,深入推进不敢腐、不能腐、不想腐的一体性反腐能力和水平提升,注重同时发力、同向发力、综合发力,实现“三不腐”目标的长效化。第一,健全反腐败国家立法,强化对行贿人的惩治惩戒,杜绝腐败源头。第二,提高及时发现、有效识别腐败问题的能力,扩大监督巡察范围和力度,完善人民群众举报监督途径,加快建立腐败行为识别防范预警机制,尤其要警惕新型腐败和隐性腐败。第三,加强反腐败的打击力度,在坚持合法合规的前提下,坚持以零容忍态度反腐,对于人民群众身边的腐败、政商勾结的腐败、利用亲属关系或职务影响力的腐败、代表利益团体的腐败,要坚决严厉惩处,绝不姑息。第四,深化反腐败国际合作,推进追逃、防逃、追赃机制的一体化构建,让腐败人员无处遁形,并为国际反腐败斗争贡献中国智慧、中国力量。

五、加强皋陶法治精神的宣传教育

除从制度上将皋陶法治精神与当代中国法治建设相结合外,还要大力宣扬传播皋陶法治精神,使其扩散到社会的每一个角落,进入每个人的心中,如此才能真正实现皋陶法治精神的内化,为当代中国法治建设奠定坚实的文化基础。

首先,深入挖掘皋陶历史文化,加强皋陶法治理论建设。积极开展皋陶法治精神研究交流活动,举办年度化、全国性的文化论坛和学术研讨会。依托知名高等院校和科研机构,建设皋陶研究基地或研究中心,并在目前六安市皋陶文化研究会的基础上,探索创办全国性的专题研究学会,加大资金支持力度,促进皋陶法治研究项目的深入开展和百家争鸣,鼓励历史学、政治学、法学、文学、艺术学等多学科的交叉创新研究，打造具有知名度和学术影响力的主题文集和刊物，努力吸引一批富有创造力的优秀学者，形成独具一格的学术研究圈，从而不断产生高质量的、具有中国特色的研究内容和理论创造。

其次，根据不同的受众，制定不同的宣传策略。皋陶法治精神的宣传应该全方位覆盖，面向多主体、多对象，因而相关策略也应当具有针对性。针对广大党员、干部和相关法治工作人员，应当加强新时代廉洁文化建设，将皋陶法治精神视为法治文化、廉洁文化、政府文化的重要组成部分，组织多样的教育活动，如举办知识讲座、征文竞赛、实地教育等，促使法治工作队伍以皋陶为文化楷模，坚持依法行政、严格司法，在实践中弘扬皋陶法治精神。针对广大学生群体，应当将皋陶法治精神和历史文化融入课堂文史教育，在历史和政治思想教材中突出该部分教学内容，支持相关历史文化读物的编写，形成一批高质量的课外阅读材料，丰富学生的课外生活；同时政府机关可以组织夏令营活动，吸引全国中小学生和大学生前往六安实地学习，拓宽青少年对于中国法治历史文化的知识面。针对全国人民群众，应当积极出版一批皋陶法治通俗读物，进一步鼓励制作皋陶法治文化纪录片和影视作品，组织社区讲座，让皋陶法治精神深入每个民众的心中。

再次，打造品牌优势和完善文化基地建设，推进沉浸式宣传模式。品牌文化的优势在于保障文化产品和内容的品质，有效凝聚社会大众对皋陶法治精神的认同感。[①] 积极推动皋陶文化品牌与知名企业的合作，提升皋陶法治文化传播的专业化，将宣传标语与大众商品消费相融合，健全产研一体化的文化传播机制。同时，完善实体化的文化旅游基地。以六安为例，进一步扩大和丰富皋陶

---

① 参见杨耀文、杨芳：《皋陶法治文化的传播策略研究》，载《皖西学院学报》2021 年第 6 期。

法治文化基地的内容和设施,强调对外辐射能力,建造以皋陶法治文化为中心的多类型面对多消费人群的文娱场馆,如独立的主题博物馆,并设计打造皋陶法治主题旅游路线,完善文旅配套措施,加强与全国各机关单位和教育机构的联系和合作,吸引全国各地人民前往六安,实地感受皋陶法治精神的历史氛围,打造沉浸式的深度文旅宣传模式。

最后,拓宽宣传渠道,生产优质教育内容。皋陶法治精神的传播和接受程度关键还在于传播的形式是否合理、终端内容的质量是否优秀。因此,一方面要发挥新型宣传途径的优势,利用微信、抖音等自媒体平台,推广皋陶法治精神的相关内容和主题活动信息,重点扶持系列短视频的拍摄和播放,以人民群众喜闻乐见的形式开展宣传教育活动。另一方面,要严格把控文字、视频等宣传教育内容的质量,定期开展评优评奖活动,与知名报刊媒体、电视媒体、网络媒体、剧院舞台积极合作,持续推广并支持优质文学作品出版、电视电影展播、文艺剧目展演,同时加强内容审核和网络平台监管,对于恶意抹黑、贬低皋陶法治精神的内容行为的责任人予以严厉追究,努力营造线上线下相结合的积极向上、充满正能量的皋陶法治精神宣传环境。我们还要通过网络传播、剧目巡演、国际交流等形式,让皋陶法治精神走出国门、走向世界,成为中国优秀传统法律文化的一面闪亮旗帜。

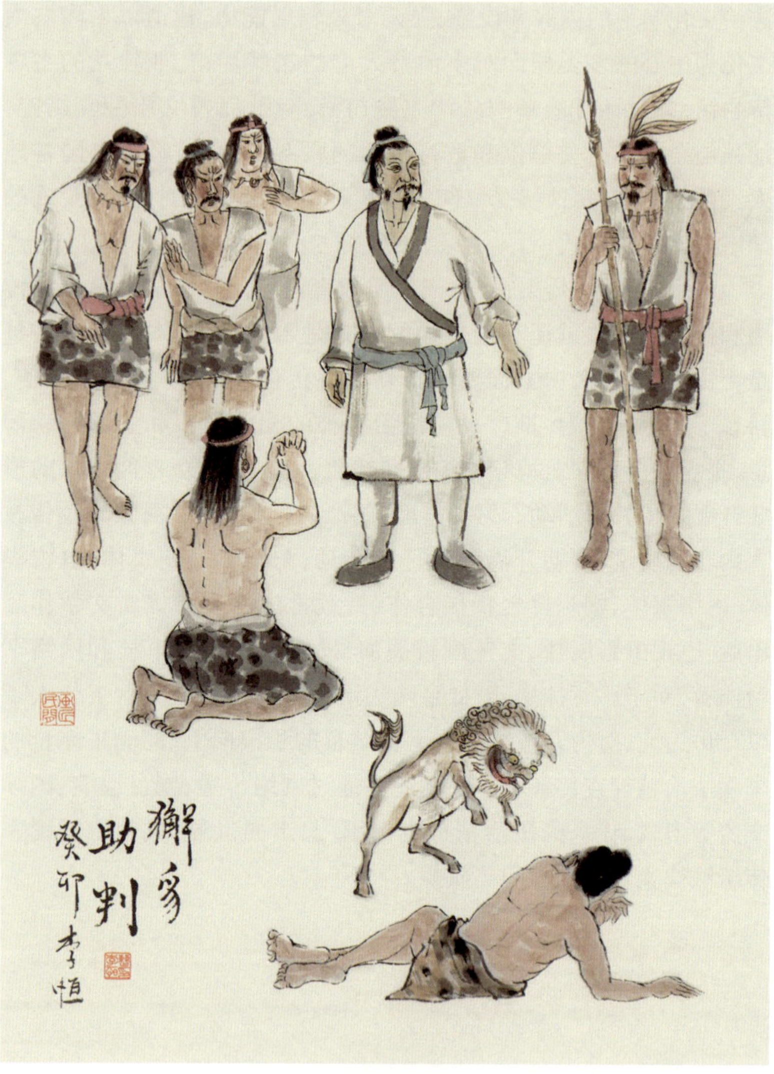

獬豸助判

（传说皋陶有一神兽，名獬豸，独角，专触有罪者，皋陶用獬豸帮助断案，找出犯法的人。图为獬豸帮助皋陶判案的场景）

后记

为传播和弘扬中华优秀传统文化，中国共产党六安市第五届委员会高度重视皋陶法治文化研究工作，市委、市政府领导多次召开专题会议，听取工作进展汇报，并对研究工作提出具体要求。为全面发掘皋陶法治文化的精神内核，传承皋陶法治精神，六安市成立《皋陶法治精神研究》编写委员会，组织专家学者开展系统梳理与研究，以期回应社会关切、描绘美好图景，并对未来皋陶法治文化的宣介贡献绵薄之力。

本书在编著过程中，受到多位专家学者的鼎力支持，华东政法大学原校长何勤华教授，中国政法大学原副校长朱勇教授，西北政法大学副校长王健教授、闫晓君教授，皖西学院马启俊教授，安徽大学高尚副教授，六安市皋陶文化研究会会长戚卫国、学术顾问曹光森等专家学者多次参加论证会、专家审稿会。六安市司法局李健同志参加前期筹备工作，并提出意见。专家及各位参与的同志对文稿提出了很多宝贵意见，对本书的付梓出版提供很大帮助。在此，向各位专家及为本书提供支持的各界同仁致以真诚的谢意。

谨以此书向一直孜孜不倦弘扬皋陶法治文化，关注支持中华优秀传统法律文化传承的各界人士表示崇高的敬意！